© 1979, Grisewood & Dempsey Ltd. All rights reserved.
© für den deutschen Text:
1980, Delphin Verlag GmbH, München und Zürich.
Alle deutschen Rechte vorbehalten.
Originaltitel: Horses and Ponies.
Satz: Josef Fink GmbH, München
Printed and bound by Vallardi Industrie Grafiche,
Milano, Italy.
ISBN 3.7735.2408.0

Autor
Georgie Henschel

Übersetzt und bearbeitet von
Heinz Schröder

INHALT

Einführung	8
Das Pferd in der Geschichte	20
Die wichtigsten Pferderassen	28
Worterklärungen	123
Register	124

Einführung

Alle Pferde- und Ponyrassen, die wir heute kennen, gehen letztlich auf das Wildpferd zurück. Sie sind gewissermaßen nur Varianten ein und derselben Grundform. Demnach haben auch alle die gleichen Points – ein Fachausdruck für die einzelnen Körperteile eines Pferdes –, obwohl jede Rasse sich durch eigene Merkmale oder ein spezielles Exterieur auszeichnet. Pferde, die für besondere Aufgaben gezüchtet worden sind, haben dementsprechend auch besondere Merkmale entwickelt. Ein gutes Pferd oder Pony, gleich welcher Rasse, wird stets die Eigenheiten seiner Rasse aufweisen und in seiner Erscheinung ausgeglichen wirken.

Als Pferde bezeichnet man, im Gegensatz zu Ponys, Tiere, die über 148 cm groß sind, gemessen vom höchsten Punkt des Widerrists bis zum Boden. Man unterscheidet *Vollblüter,* wie etwa das Arabische und das Englische Vollblut, die für Jahrhunderte zum kostbarsten Besitz des Menschen gehörten; *Kaltblüter,* die als typische Arbeitspferde Lasten geschleppt, den Pflug gezogen und dem Menschen zu Wohlstand verholfen haben; und schließlich *Warmblüter,* die aus der Veredelung von Kaltblütern mit Vollblütern hervorgingen und heute die Mehrzahl der Reit- und leichten Wagenpferde stellen.

Als Ponys bezeichnet man Kleinpferde bis 148 cm Größe. Doch nicht nur die geringe Größe charakterisiert sie. Als Abkömmlinge vor allem des ursprünglichen Keltischen Ponys oder des Waldpferdes, oder einer Mischung von beiden, haben sie eine abweichende Entwicklung genommen, da sie viel länger als andere Pferderassen daran gewöhnt sind, frei zu leben und für sich selbst zu sorgen. Ponys sind kurzbeiniger als Pferde, besonders das Röhrbein ist kürzer. Sie wirken deshalb auch untersetzter als Pferde und können, im Verhältnis zu ihrer Größe, oft erhebliche Lasten tragen. Ihre Köpfe sind unterschiedlich breit, niemals lang, und wirken oft massig; ihre Ohren sind klein und zierlich, und sie scheinen mit wachsamen Augen ihre Umgebung stets aufmerksam zu beobachten. Sie

Pferde, auf Schnelligkeit ... ... und auf Stärke gezüchtet.

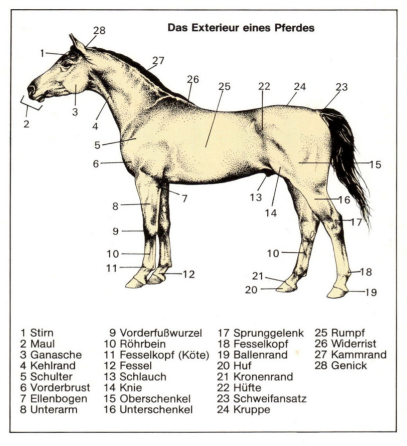

Das Exterieur eines Pferdes

1 Stirn	9 Vorderfußwurzel	17 Sprunggelenk	25 Rumpf
2 Maul	10 Röhrbein	18 Fesselkopf	26 Widerrist
3 Ganasche	11 Fesselkopf (Köte)	19 Ballenrand	27 Kammrand
4 Kehlrand	12 Fessel	20 Huf	28 Genick
5 Schulter	13 Schlauch	21 Kronenrand	
6 Vorderbrust	14 Knie	22 Hüfte	
7 Ellenbogen	15 Oberschenkel	23 Schweifansatz	
8 Unterarm	16 Unterschenkel	24 Kruppe	

entwickeln im Winter ein dichtes Fell zum Schutz gegen die Kälte, während ihre lange Mähne und ihr buschiger Schweif zur Abwehr der winterlichen Witterung wie auch der Fliegen im Sommer gleich gute Dienste leisten. Sie haben starke, harte Beine, sind gut zu Fuß und finden mit sicherem Instinkt ihren Weg, über Land und durch die Furten der Flüsse. Auch im Charakter unterscheiden sich die Ponys von den übrigen Pferden. Vom Arabischen Vollblut einmal abgesehen, übertreffen sie mit ihrer angeborenen Intelligenz und ihrem Selbstvertrauen wahrscheinlich jedes Durchschnittspferd. Den Menschen haben sie nur wenig zu verdanken, und trotz des großen Interesses, das man ihnen heute entgegenbringt, und das sie mit willigem Dienen erwidern, behalten die Ponys stets jenen ausgeprägten Sinn für Unabhängigkeit, der sie auch die lange Zeit menschlichen Desinteresses hat überstehen lassen.

Brauner

Fuchs

Dunkelbrauner

Rappe

Farben

Auf den folgenden hauptsächlichen Grundfarben der Pferde basieren ihre Bezeichnungen: Brauner (braune Deckhaare, Beine und Langhaare an Mähne und Schweif vorwiegend schwarz), Fuchs (rotes Deckhaar von hell bis sehr dunkel), Rappe (schwarze Deck- und Langhaare) und Falbe (gelbes bis graues Deckhaar). Als Schimmel bezeichnet man Pferde mit Weißzeichnung am ganzen Körper. Mit Ausnahme der echten Albinos, deren Deckhaar weiß und die Haut in Ermangelung eines Hautpigmentes rosafarben erscheint, werden die Schimmel als Braune, Füchse oder Rappen geboren. Mit zunehmendem Alter werden sie jedoch heller und schließlich weiß.

Ein Brauner hat zumeist eine schwarze Mähne und einen schwarzen Schweif sowie schwarze Beine, gewöhnlich vom Knie an abwärts. Entsprechend der Tönung werden neben dem Braunen noch Hellbraune, Dunkelbraune und Schwarzbraune unterschieden. Auch beim Fuchs spricht man je nach Farbton von Lichtfuchs (Hellfuchs) oder Leberfuchs

Apfelschimmel

Gelbfalb

Rotschimmel

Rappschecke und Braune Schecke

(Dunkelfuchs), der letztere ist in der Farbe etwa wie Milchschokolade. Das Merkmal der Füchse ist, daß sie keinerlei Schwarz an sich haben. Echte Rappen sind selten; sie müssen auch ein schwarzes Maul aufweisen. Zeigt es dagegen braune Farbtöne, handelt es sich um einen Schwarzbraunen. Falben tragen einen Aalstrich und mitunter ein Zebramuster an den Beinen. Auch hier unterscheidet man verschiedene Farbnuancen, wie Braunfalb, Rotfalb, Hellfalb, Gelbfalb und Graufalb. Schweif und Mähne sowie Beine und Hufe müssen schwarz sein.

Als Schecken werden Pferde mit großen zusammenhängenden Farbflecken bezeichnet. Ihre Benennung orientiert sich an den Farben dieser Flecken. So ist der Rappschecke beispielsweise schwarz und weiß, der Braune Schecke braun und weiß und der Fuchsschecke rotbraun und weiß. Darüber hinaus ist eine Kombination von weiß mit noch anderen Farben möglich. Das Deckhaar des Palomino ist gelb, nicht selten cremefarben, Schweif und Mähne sind silbrig weiß.

Stern

Strich

Glasäugig

Abzeichen

Die meisten Pferde tragen weiße Abzeichen, das sind kleine bis sehr große, weißbehaarte Stellen in der dunklen Haardecke. Sie finden sich am Kopf und an den Beinen. Für Tiere, die in das Stammbuch ihrer Rasse eingetragen sind, müssen die Abzeichen kenntlich angegeben werden. Weiße Haare als Folge einer verheilten Wunde oder andersfarbige Flecke werden in eine Beschreibung des Pferdes ebenfalls aufgenommen. Da heute Rennpferde mit einem Paß reisen wie wir, werden diese Abzeichen dort auch vermerkt.

Die einzelnen Abzeichen sind, je nach ihrer Form, mit Namen belegt. Weiße Flecke auf der Stirn werden beispielsweise als Stern, Rautenstern oder Blümchen bezeichnet. Ein breites weißes Abzeichen von der Stirn bis zum Oberlippenrand ist eine durchgehende Blesse, ein meist strichförmiges Abzeichen auf dem Nasenrücken dagegen ein Strich. Ist die Blesse sehr breit und reicht über ein oder beide Augen bis auf Nüstern und Maul, so spricht man von einer Laterne. Ein weißes Abzeichen zwischen Nüstern und

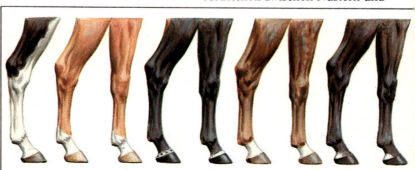

Hoch und Knie gestiefelt | Hoch gefesselt | Krone weiß | Gefesselt | Ferse weiß

Durchgehende Blesse

Schnippe

Laterne

Oberlippe ist als Schnippe bekannt. Manche Pferde, besonders Füchse, haben aber auch unbehaarte, rosafarbene Flecken am Maul. Schließlich wird ein Pferd als glasäugig bezeichnet, wenn seine Iris blaßblau, fast weiß ist.

Auch die Abzeichen an den Beinen tragen spezielle Namen. Je nach der Ausdehnung der weißen Färbung spricht man von weißer Krone, die gelegentlich noch mit schwarzen Flecken besetzt sein kann, von weißer Fessel, weißem Fuß usw. Dazu kommen noch eine ganze Reihe von Zwischenformen, bei denen die Abzeichen zum Teil auch unregelmäßig ausgebildet sein können. Ungewöhnlich ist das Weiß nur an der Ferse, der Rückseite des Fußes.

Zur Beschreibung eines Pferdes gehört schließlich auch die Farbe der Hufe. Gewöhnlich sind sie bei einem Tier mit weißen Abzeichen an den Beinen ebenfalls weiß. Nur bei Pferden mit weißer Krone oder weißer Ferse sind die Hufe im allgemeinen schwarz.

Viele Ponyrassen haben eine üppige Mähne und einen ebensolchen Mähnenschopf

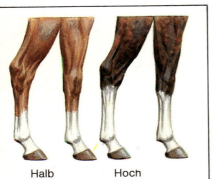

Halb gestiefelt   Hoch gestiefelt

Größe und Alter

Die Größe eines Pferdes wird vom höchsten Punkt des Widerrists bis zum Boden in Zentimetern gemessen. Manche Pferderassen wachsen schneller heran, manche langsamer, doch erst mit dem fünften Lebensjahr, wenn das Pferd seine volle Größe erreicht hat, ist es erwachsen. Bei Pferden oder Ponys, die in der Jugend zu hart arbeiten müssen, kann es zu einer Fehlentwicklung, vor allem ihrer Beine, kommen, was schließlich auch ihr Arbeitsleben verkürzt. Da Pferde, wie die Menschen, neben der körperlichen auch eine geistige Entwicklung durchlaufen, können sie störrisch werden und unfolgsam, wenn ihre Auffassungsgabe zu früh überfordert wird.

Ein Jahr im Leben eines Pferdes entspricht etwa dreieinhalb Menschenjahren. Ein wesentlicher Unterschied zum Menschen besteht jedoch darin, daß neugeborene Fohlen ihre Beine fast sofort gebrauchen können und nur wenige Stunden nach der Geburt schon ihrer Mutter folgen. Vielleicht tendiert man aus diesem Grunde oft zu der Annahme, daß junge Pferde bereits weiter entwickelt sind als es der Wirklichkeit entspricht. Eine Stute verliert niemals ihre Fähigkeit, zu fohlen, und ein Hengst behält zeitlebens seine Zeugungskraft. Sehr alte Pferde, von 20 Jahren und mehr, haben meist einen ausgesprochenen Senkrücken, tiefe Höhlen über den Augen und ergrautes Gesichtshaar.

Kenner bestimmen das Alter eines Pferdes an Hand seines Gebisses. Es besteht aus den vorderen Schneidezähnen und den hinteren Mahl- oder

Ein sehr altes Pferd mit typischem Senkrücken.

schlossen und nur nach der windabgewandten Seite offen, Schutz vor extremer Witterung.

Frisches und sauberes Trinkwasser ist für Pferde und Ponys lebensnotwendig. Wenn keine aus der Wasserleitung oder von Weidepumpen gespeisten Selbsttränken vorhanden sind, muß das Wasser in Tanks angefahren werden. Bäche und Teiche sind in der Regel so verschmutzt, daß sie eine Gefahr für die Gesundheit der Tiere darstellen und als Tränken ungeeignet sind. Auch das Weideland muß gepflegt werden. Wenn dem Pferdebesitzer nur eine Koppel zur Verfügung steht, sollte er sie unterteilen, so daß jede Hälfte abwechselnd etwa 4 Wochen beweidet wird. Auf der jeweils unbeweideten Fläche sorgt ein Reinigungsschnitt, verbunden mit einer eventuellen Nachdüngung, für ein kräftiges Wachstum der Weidepflanzen. Auf kleineren Koppeln muß der Kot so oft wie möglich, mindestens aber einmal wöchentlich, abgelesen werden. Dadurch

◀ *Stalltüren sollten aus zwei Hälften bestehen. Bei schönem Wetter ist die obere Hälfte geöffnet, die untere mit zwei Riegeln verschlossen.*

Pferdekoppeln brauchen eine stabile Einzäunung und gut gesicherte Tore. Frisches Trinkwasser muß immer zur Verfügung stehen.

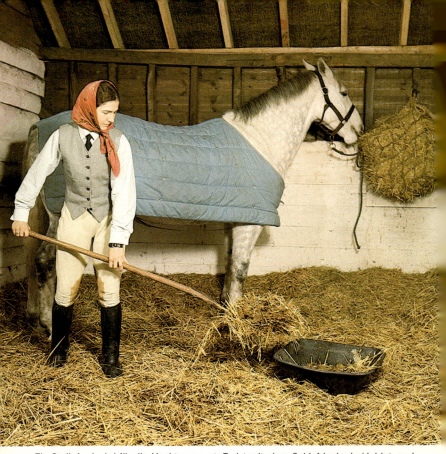

Ein Stallpferd wird für die Nacht versorgt. Es ist mit einer Schlafdecke bekleidet, und das Heunetz wurde aufgefüllt. Aus der Streu, die jeden Morgen neu aufgefüllt werden muß, wird nochmals der Kot entfernt.

beugt man einer übermäßigen Verseuchung des Bodens mit Parasiten (Wurmeiern) vor, die im Kot stets zahlreich vorhanden sind. Beim Grasen kommt es sonst immer wieder zu Neuinfektionen. Eine tägliche Visite auf der Koppel, um die Pferde zu überprüfen und das Gelände sowie die Wasserversorgung zu kontrollieren, ist unerläßlich.

Ställe sollen aus Ziegel oder Stein gebaut und so gelegen sein, daß der Ausblick auf eine belebte Umgebung in dem Pferd keine Langeweile aufkommen läßt. Als Herdentier fühlt es sich in Gesellschaft von Artgenossen am wohlsten. Innerhalb des Stalles sind Einzelboxen, in denen sich das Pferd frei bewegen kann, am besten geeignet. Dabei sollte die Bodenfläche einer Box nicht kleiner sein als $3,5 \times 3$ Meter, während für Ponys eine von 3×3 Metern ausreicht.

Fütterung

Pferde auf der Koppel grasen fast ständig. Sie haben relativ kleine Mägen und können nicht, wie wir, auf Vorrat essen. Eine reine Grasweide ist meist zu einseitig und nicht in der Lage, den Bedarf der Tiere an verschiedenem Eiweiß, Mineralien und Spurenelementen zu decken. Den Pferden sollte deshalb jederzeit eine Mineralstoffmischung, wie sie von guten Firmen hergestellt wird, zur Verfügung stehen. Weidepferde oder Ponys, die regelmäßig arbeiten, bekommen täglich noch ein spezielles Kraftfutter gereicht. Will man den Tieren noch etwas Gutes tun – und welcher Pferdefreund wollte das nicht – kann man dem Futter gehackte oder geriebene Mohrrüben, andere Wurzeln sowie Äpfel beimischen. Wieviel Nahrung ein Pferd braucht, ist nicht pauschal festzulegen. Dies hängt vielmehr von der Größe des Tieres und der von ihm geforderten Arbeitsleistung ab. Pferde, die im Freien überwintern, bekommen in der kalten Jahreszeit beispielsweise soviel Heu, wie sie fressen können. Wenn Schnee liegt, sollten die Heumenge und die Futterzeiten verdoppelt werden.

Stallpferde werden in der Regel dreimal täglich gefüttert. Eine solche Einteilung in kleinere Portionen bekommt der Verdauung der Tiere weitaus besser als etwa eine zu große Portion über Nacht. Bei überwiegender Ernährung mit Kraftfutter ist zudem zweimal wöchentlich ein Weizenkleie-Brei zur Darmreinigung empfehlenswert. Frisches Heu sollte morgens und abends verabreicht werden, während frisches Wasser jederzeit zur Verfügung stehen muß.

Pflege

Besonders Stallpferde müssen jeden Tag gründlich geputzt und gebürstet werden. Bei Weidepferden dagegen schützt die Fettschicht auf dem Fell vor Regen und Kälte. Nur grober Schmutz sollte hier entfernt, Mähne und Schweif gesäubert und die Hufe regelmäßig auf festgetretene Steine überprüft werden. Nach der Arbeit müssen schweißnasse Pferde gut abgetrocknet werden, damit sie sich nicht erkälten.

Putzutensilien

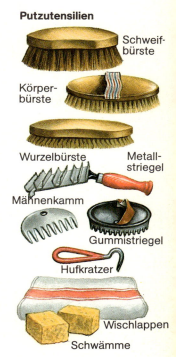

Beim Kauf von Bürsten sollte man Naturborsten, obgleich sie teurer sind, gegenüber Nylonborsten den Vorzug geben.

Reinigungsmittel für Zubehör

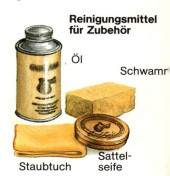

Das Pferd in der Geschichte

Herkunft und Entwicklung

Der Vorfahre des heutigen Pferdes war das etwa Foxterrier-große *Hyracotherium,* das statt der Hufe noch Zehen besaß und vor ungefähr 55 Millionen Jahren in Nordamerika lebte. Es entwickelte sich im Laufe der Jahrmillionen vom Mehrhufer zum Einhufer, und als die Geschichte des Menschen gerade begonnen hatte, war es als *Pliohippus* schon mit den heute lebenden Pferden vergleichbar. In dieser Form haben es auch unsere Vorfahren in ihren Höhlenmalereien dargestellt.

Von Nordamerika, ihrer Urheimat, gelangten die Pferde einerseits bis nach Südamerika und andererseits über Asien nach Europa und von hier nach Afrika. In Nord- und Südamerika starben die Pferde vor rund 8000 Jahren aus und kamen erst wieder durch die spanischen Seefahrer in die Neue Welt. In der Alten Welt entwickelten sie sich je nach Klima und Lebensraum zu Zebras, Esel, Halbesel und schließlich zum Wildpferd, aus dem die heutigen Pferderassen gezüchtet wurden.

Prähistorische Höhlenmalerei

Mongolisches Wildpferd

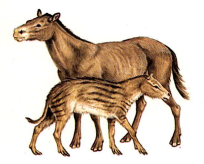

Die Höhlenmalereien prähistorischer Künstler (oben links) vermitteln uns unter anderem einen Eindruck von dem Pferd der damaligen Zeit.

Das Hyracotherium (links im Vordergrund) war der Vorläufer der heutigen Pferde. Es lebte vor etwa 50 Millionen Jahren. Sein Nachkomme, der Mesohippus (im Hintergrund), war etwas größer und hatte drei Zehen an jedem Fuß.

Der Mensch zähmt das Pferd

Jahrtausendelang wurde das Pferd vermutlich vom Menschen gejagt. Man weiß nicht genau, wo die ersten Wildpferde eingefangen, gezähmt und schließlich domestiziert worden sind, doch darf man annehmen, daß dies bei den Steppenvölkern Turkestans geschehen ist. Eine der frühesten bildlichen Reiterdarstellungen ist uns aus dem Grab eines ägyptischen Herrschers (um 1300 v. Chr.) bekannt.

Das Relief eines Pferdes mit Reiter aus einer römischen Villa in der Türkei. ▶

Der Pharao Tutanchamun lenkt seinen Streitwagen in den Kampf.

Pferde in alten Kulturen

Nachdem der Mensch entdeckt hatte, wie das Pferd zu zähmen und vor allem, wie es als Reittier zu gebrauchen war, eröffneten sich für ihn selbst enorme Möglichkeiten. Das Pferd gab ihm nicht nur eine ungeahnte Bewegungsfreiheit, sondern auch eine große psychologische Überlegenheit gegenüber dem einfachen »Fußvolk«. Der Anblick von Menschen hoch zu Roß muß für pferdelose Stämme erschreckend gewesen sein, selbst wenn die Reiter in friedlicher Absicht kamen.

In Kriegszeiten galt das Erbeuten guter Pferde des Gegners ebensoviel wie das Gefangensetzen von Feinden. Im Gefolge solcher Auseinandersetzungen kam es zu Kreuzungen zwischen verschiedenen Pferdetypen: Die Sieger nahmen nicht nur die besten Rösser mit, sie ließen auch eigene Pferde zurück, die in den eroberten Gebieten ebenfalls zur Zucht verwendet wurden.

Die frühe Reitkunst

Die ersten bemerkenswerten Reiter waren die Perser, gefolgt von den Skythen, Assyrern und Griechen. Soweit bekannt, unternahmen die Griechen erstmals den Versuch, Pferde zu trainieren und die Reitkunst ernsthaft zu entwickeln. Bereits 365 v. Chr. verfaßte Xenophon, ein griechischer Reiterführer, einige Schriften zu diesem Thema. Die Grundsätze, die er darin aufgestellt hat, haben bis heute ihre Gültigkeit behalten. Zu dieser Zeit war übrigens der Sattel noch unbekannt, während Zügel und Kandare schon benutzt wurden.

Nubische Krieger vom oberen Nil waren die ersten, die im Sattel ritten, was den Kampf zu Pferde sehr erleichterte. So gibt die Hinterzwiesel des Sattels dem Reiter Halt vor der Wucht des anstürmenden Gegners. Gleichzeitig stützt sie beim Schießen mit einem schweren Bogen den Rücken ab. Steigbügel gab es erst sehr viel später. Die Hunnen brachten sie im 4. Jahrhundert n. Chr. aus der Mongolei mit nach Europa.

Mittelalterliche Wallfahrer auf dem Weg nach Canterbury.

König Johann von England auf der Hirschjagd im frühen 13. Jahrhundert.

Sattel und Steigbügel erleichterten die Benutzung des Pferdes auch für jene, die keine geübten Reiter waren. Damit avancierte das Pferd zum täglich gebrauchten Beförderungsmittel: beim Ritt in den Nachbarort, auf Pilgerfahrten oder bei der Jagd. Auch Frauen waren nun nicht länger gezwungen, zu Fuß zu gehen oder vor dem Reiter im Sattel zu sitzen. Sie ritten nun selbst, zunächst mit nur einem Steigbügel, diskret seitwärts sitzend, und gewöhnlich auf einem im Paßgang gehenden Pferd.

Auch vor die Streitwagen wurden Pferde gespannt. So soll im 1. Jahrhundert n. Chr. die Fürstin Boudicca angeblich einen dreispännigen Streitwagen eigenhändig in die Schlacht gelenkt haben, als sie in Britannien gegen die Römer kämpfte. In Rom selbst huldigte man zu jener Zeit schon dem Wagenrennen. Vermutlich handelte es sich dabei um die erste pferdesportliche Darbietung für Zuschauer überhaupt.

Die Zeit des Rittertums

Das Zeitalter des Rittertums war, wörtlich genommen, auch das Zeitalter des Pferdes, denn das Wort »Ritter« leitet sich von »Reiter« ab. Adlige und Ritter trugen bei ihren Kampfspielen zunächst Kettenhemden und ihre Pferde nur einen Kopfschutz, so daß sie beweglich und leichtfüßig blieben. In jener Zeit waren die Turniere eine Sache der Schnelligkeit, ein farbenfrohes, prunkvolles Fest. Später wurden die Rüstungen immer schwerer, bis Pferde und Reiter mit Metallplatten förmlich gepanzert waren. Die Kraft des Pferdes wurde nun zum obersten Gebot. Immerhin hatte ein derart gepanzertes Schlachtroß mit seinem voll bewehrten Reiter auf dem Rücken ein Gewicht von etwa 200 kg zu meistern, wobei der Ritter nur mit einem Hebegerät auf sein Pferd gelangen konnte. Die Turniere jener Tage müssen ein schreckliches Spektakel gewesen sein: Zwei gepanzerte Ritter donnern aufeinander zu, auf Rössern, wuchtig und groß wie das Shire, wobei jeder versucht, den Gegner aus dem Sattel zu kippen.

Französische und englische Ritter bei einem Turnier im 14. Jahrhundert.

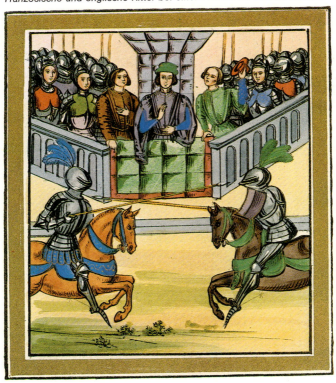

Ein ausgebildeter Lipizzanerhengst in der Spanischen Hofreitschule zu Wien.

Die Tradition hoher Reitkunst wurde jahrhundertelang vom Militär und bei Hofe lebendig gehalten.

Die großen Reitschulen

Um schneller voranzukommen, bediente sich der Mensch schon seit langer Zeit des Pferdes; über die Methode des Reitens hatte er sich jedoch kaum Gedanken gemacht. Erst seit den Tagen Xenophons gab es immer wieder Männer, die sich ganz der »Kunst des Reitens« verschrieben hatten.

Ein früher europäischer Meister der Reitkunst war Antoine de Pluvinel (1555–1602), der Reitlehrer des französischen Königs Louis XIII. Der bedeutendste Reiter aber war zweifellos Francois de la Guérinière (1688–1751). Auf den von ihm festgelegten Regeln beruht die Kunst des Dressurreitens, die schließlich auch die beiden großen europäischen Schulen begründet hat: Saumur in Frankreich und die Spanische Hofreitschule in Wien. Alle Lektionen, die in diesen Schulen gelehrt wurden, dienten zu jener Zeit nur einem bestimmten Zweck, nämlich Kavalleriepferde willig und gehorsam zu machen und ihre Fähigkeit zu fördern, einer Aktion des Gegners blitzschnell auszuweichen. Abgesehen davon wurde die hohe Kunst des Reitens bis in die zweite Hälfte dieses Jahrhunderts vor allem von Militärreitschulen gepflegt.

Pferde in der Neuen Welt

Die ersten Pferde, die nach ihrem Aussterben in Amerika wieder in die Neue Welt eingeführt wurden, waren spanischen Ursprungs und kamen mit den Konquistadoren. Als die Spanier wieder abzogen, verwilderten viele der von ihnen zurückgelassenen Pferde. Aus ihnen ging in Nordamerika der Mustang und in Südamerika der Criollo hervor.

Indianer bei der Bärenjagd

Pferde im Krieg

Zu allen Zeiten haben Kriege auch unter den Pferden große Verluste gefordert. Doch bis zum ersten Weltkrieg mit seinen Giftgas- und Schrapnellgeschossen war das Pferd ein Kamerad des Menschen in der Schlacht: Ihr Überleben hing von der Erfahrung beider ab.

Armeepferde sind immer gut umsorgt worden, und die Namen vieler berühmter Schlachtrösser wurden ebenso unsterblich wie die Namen ihrer Besitzer. Das erste Kriegsroß, dessen Name überliefert ist, war Bukephalos, das Pferd Alexanders des Großen. Man sagt, daß niemand außer ihm dieses unbändige Tier reiten konnte. Als es 326 v. Chr. auf einem Feldzug in Indien starb, ließ Alexander ein prächtiges Denkmal errichten und gründete ihm zu Ehren die Stadt Bukephala. Napoleons Pferd, Marengo, war ein kleiner grauer Araber. Es trug seinen Herrn sicher in den Feldzügen durch Italien und Österreich, obwohl Napoleon niemals den Ruf eines hervorragenden Reiters genossen hat.

Copenhagen, ein Englisches Vollblut, wurde vom Herzog von Wellington während der gesamten Schlacht von Waterloo geritten.

Napoleon auf Marengo.

Kutschpferde hatten im 19. Jahrhundert ein schweres Leben.

Das Pferd als Arbeitstier

Neben den leichten und edleren Pferderassen, um deren Zucht man stets bemüht war, spielten die unzähligen Arbeitspferde und -ponys als treue Diener des Menschen schon immer eine große Rolle. Sie halfen, das Land zu bewirtschaften und damit Nahrung zu schaffen. In vielen Gegenden war lange Zeit der Esel des Menschen wichtigster Helfer, sowohl in der Landwirtschaft wie auch als Lastenträger und Reittier. Die gleichen Verdienste hat sich auch das Maultier erworben.

In abgelegenen Gebieten, besonders im Gebirge, wurden Ponys den Pferden vorgezogen. Die zähen und ausdauernden Vierbeiner überstanden die strengsten Winter ebenso wie Hungerzeiten, in denen die Nahrung für Mensch und Tier nicht ausreichte. In den Ebenen und fruchtbaren Tälern waren die schweren Zugpferde die wichtigsten Helfer des Menschen in der Landwirtschaft, und außerdem beförderten sie auf Wagen schwere Lasten in die Städte und Ortschaften. In jeder Region bevorzugten und züchteten die Menschen die Pferde- oder Ponyrasse (auch Esel oder Maultiere), die für die vorhandenen Bedingungen am besten geeignet war.

Eine schlimme Zeit für die Pferde begann im 19. Jahrhundert, als die Reisekutschen in immer kürzerer Zeit ihr Ziel erreichen sollten. Die Tiere vor den vierspännigen Post- und Etappenkutschen wurden ungeachtet der Wege- und Wetterbedingungen bis zum äußersten getrieben, um nahezu unmögliche Fahrpläne einzuhalten. Die Folge war, daß solche Kutschpferde selten länger als vier Jahre ihren Dienst versehen konnten.

Nicht viel besser erging es den Droschkenpferden jener Zeit. Zwar mögen viele Pferde Verständnis bei ihrem Besitzer oder Kutscher für diese schwere Arbeit auf schlüpfrigem Kopfsteinpflaster gefunden haben, doch die meisten fristeten ein hartes Dasein.

Pferdesport

Pferderennen werden vermutlich schon ausgetragen, seit der Mensch die ersten Pferde oder Ponys gezähmt und als Reittiere verwendet hat. In England wurde das Pferderennen zur Zeit der Tudor populär. Seine offizielle Anerkennung fand es unter Charles II., der in Newmarket ein Zentrum für den Rennsport eingerichtet hatte. Trabrennen waren in vielen Ländern bereits seit langem bekannt.

Das Pferd in der Welt von heute

Automobil und Traktor haben in unserer Zeit das Pferd verdrängt, und der wachsende Geschwindigkeitsrausch machte es fast vergessen. In den meisten Industrieländern ist der Pferdebestand seit Ende des ersten Weltkriegs bis in die fünfziger Jahre rapide zurückgegangen. Abgesehen von den Rennställen, fanden sich nur vereinzelt Liebhaber, die noch Pferde oder Ponys züchteten, und es gab nur wenige Bauern, die auf ein oder zwei Gespanne schwerer Pferde nicht verzichten wollten. Heute ist das Pferd, einst Partner des Menschen, dann sein Diener – manchmal auch Sklave – wieder im Kommen. In vielen Ländern ist die Pferde- und Ponyzucht zu einer ernsthaften Aufgabe geworden. Aktivitäten und Geschäfte, bei denen das Pferd im Mittelpunkt steht, blühen wie nie zuvor: Reitklubs, Fahrklubs, Ponyklubs, Ponywandern, Urlaub zu Pferde, unzählige Pferdeschauen und -veranstaltungen, oft im Fernsehen übertragen, und nicht zuletzt eine Flut von Büchern zum Thema Pferd. Dies alles unterstreicht die Bedeutung des Pferdes auch in unserer modernen Zeit.

Polizeipferd im Einsatz.

Im Sprung   *Urlaub zu Pferde* ▼

Die wichtigsten Pferderassen

Arabisches Vollblut

Das Arabische Vollblut ist das älteste reinrassige Zuchtpferd der Erde. Lady Wentworth, eine große Pferdekennerin, bezeichnet den Araber »als eine Hauptwurzel, die sich nicht von anderen abgespalten hat. Er hat die Gabe der absoluten Dominanz bei der Zucht ... und die Fähigkeit, seinen eigenen Charakter jeder Rasse aufzuzwingen. Hauptsächlich aus ihm ist unser Rennpferd (das Englische Vollblut) entstanden ... und die leichten Pferderassen in aller Welt«.

Über die Herkunft des Arabers selber gibt es indessen keine Berichte. Alte Darstellungen beweisen lediglich, daß er bereits in vorchristlicher Zeit existierte, lange auch, bevor er zum kostbaren Besitz arabischer Nomaden wurde. Niemals in seiner langen Geschichte kam fremdes Blut in seine Adern; auf die Reinheit des Arabischen Vollbluts wurde streng geachtet. Die Araber nannten es *keheilan*, was soviel bedeutet wie »durch und durch reines Blut«.

Jedes gute Zuchtpferd oder -pony ist auf seine Art schön, der Araber jedoch zeichnet sich durch ein Ebenmaß der Proportionen und einen Stolz in seiner Haltung aus, der ihn – um einen menschlichen Ausdruck zu gebrauchen – zweifellos zum Star erhebt. Doch er ist nicht nur eine äußerliche Schönheit, der Araber vereinigt vielmehr alle Eigenschaften in sich, die man sich von einem Pferd wünscht: gute Lungen, gesunde Beine, Schnelligkeit, Kraft und die Fähigkeit, auch unter härtesten Lebensbedingungen zu bestehen. Besonders die Kraft ist für seine Größe außergewöhnlich. Unter dem Sattel ist er leicht und im Gleichgewicht. Er zeigt hier nicht nur alle normalen Eigenschaften, die man von einem Reitpferd verlangt, sondern auch die weniger üblichen, wie eine unvergleichliche Ausdauer, wenn es gilt, große Entfernungen zu überwinden. Darüber hinaus ließ das jahrhundertelange enge Zusammenleben der Beduinen mit ihren Pferden eine beispiellose Beziehung zwischen Mensch und Pferd entstehen, wozu auch die große Lernfähigkeit des Arabischen Vollbluts gehört. Obwohl von großem Temperament und Feuer, wird es einem sympathischen menschlichen Partner gegenüber rasch anhänglich.

Der Araber ist ein kleines Pferd, zwischen 145 und 153 cm groß. Je nach Klima und der Qualität der Weiden kann er kleiner oder mitunter auch etwas größer werden. Seine Gestalt ist einmalig. Der kurze, sehr edle Kopf hat ein gerades oder Hechtprofil mit einem kleinen, festen Maul und weiten Nüstern. Die großen dunklen Augen stehen weit auseinander, und die kleinen Ohren sind spitz und scharf geschnitten. Der graziös gebogene Hals wird hoch getragen und sitzt auf schrägen Schultern. Der nicht sehr hohe Widerrist senkt sich in einen starken und geraden Rücken. Die Brust ist breit und tief, die Kruppe kräftig, mit hoch angesetztem Schweif. Die Beine sind zierlich, aber stark, die kleinen Hufe rund und hart. Die Bewegungen des Arabers, der als Schimmel, Brauner oder Fuchs, seltener als Rappe auftritt, sind gerade, frei und flach. Seine Blutreinheit, auf die im Vorderen Orient über so lange Zeit hinweg eifersüchtig geachtet wurde, wird heute auch in allen Ländern bewahrt, in denen das Arabische Vollblut auf berühmten Gestüten weitergezüchtet wird. Einige Zuchten, wie etwa der Shagya- und der Siglavy-Araber aus Ungarn, entsprechen dagegen nicht den strengen Normen des Stammbaums, die eine Anerkennung als reinblütig voraussetzt. Dem in Polen gezüchteten Araber kommt dieses Prädikat hingegen zu.

Der Kopf des Arabers hat ein unverwechselbares Profil, mit kleinem Maul und großen, weit auseinanderliegenden Augen.

Arabische Vollblüter bei einem Berberfest in Marokko. ▶

Ein Bild voller Harmonie und Grazie. Dabei ist der Araber für seine Größe außergewöhnlich stark.

Englisches Vollblut

Als schnellstes und wertvollstes Pferd der Welt startet das Englische Vollblut heute bei Rennen in mehr als 50 Ländern und wird in vielen von ihnen auch selbst gezüchtet. Jedes im General Stud Book registrierte Englische Vollblut geht auf drei Araberhengste zurück, die im späten 17. und frühen 18. Jahrhundert nach England gebracht wurden.

Der erste dieser Stammväter, der *Byerley Turk,* wurde im Kampf mit den Türken von Captain Byerley erbeutet. Er benutzte den Hengst zunächst als sein Dienstpferd und gab ihn 1690, als er aus der Armee ausschied, ins Gestüt. Der *Byerley Turk* begründete die Herod-Linie.

Der *Darley Arabian* wurde 1704 von Thomas Darley, dem britischen Konsul in Aleppo, nach England geschickt. Gleich unter seinen ersten Nachkommen war *Flying Childers,* das erste wirklich große Rennpferd. Die Mutter, *Betty Leedes,* war selbst die Tochter des Arabischen Vollbluts *Leedes Arabian,* von dem alle Grauschimmel unter den Englischen Vollblütern abstammen. *Darley Arabian* war der Ururgroßvater von *Eclipse,* dem berühmtesten Rennpferd aller Zeiten.

Als letzter kam 1729 der *Godolphin Arabian* nach England. Er wurde von Edward Coke in Frankreich entdeckt und gekauft und kam auf Umwegen in das Gestüt Lord Godolphins. Hier wurde er Begründer der Matchem-Linie, von der heute in den Vereinigten Staaten durch den Hengst *Man o'War,* vielleicht Amerikas bekanntestes Rennpferd, ein sehr erfolgreicher Seitenzweig floriert.

Die Entwicklung des Englischen Vollbluts verlief auffallend schnell. Es brauchte keine 100 Jahre, bis die Rasse gefestigt war und ihre bis heute unveränderten Merkmale und Fähigkeiten ausgebildet hatte. Wenn ein Vollblut in unseren Tagen ein Rennen etwas schneller läuft als ein Vollblut vor 100 Jahren, so ist das eher verbesserten Rennbahnen und einer sorgfältigeren Behandlung der Pferde zuzuschreiben, als einer wirklichen Steigerung ihrer Schnelligkeit.

Ebenso wichtig wie die drei Stammhengste waren die Stuten. In ihren Adern floß meist auch arabisches Blut. Seit der Regentschaft von König Johann im 13. Jahrhundert wurden Pferde aus dem Orient nach England gebracht, und die englischen Monarchen unterhielten königliche Gestüte schon zu der Zeit der späten Tudor. Sie importierten neben Pferden aus dem Orient auch solche aus Italien und Spanien. Außerdem besaßen viele wohlhabende Privatleute eine gute Pferdezucht.

In der zweiten Hälfte des 18. Jahrhunderts begann man Zuchten auf einer mehr wissenschaftlichen und systematischen Grundlage durchzuführen. Im Jahre 1773 wurde James Weatherby zum »Keeper of the Match Book« des Jockey Club ernannt, der richtunggebenden Institution auf dem Gebiet des Rennsports in England seit 1750. Weatherby gab 1813 das erste General Stud Book heraus, und von diesem Tag an war seine später gegründete Firma für sämtliche Eintragungen im Stammbuch und für den Rennkalender der Vollblüter in Großbritannien und Irland verantwortlich.

Das Englische Vollblut ist indes nicht nur das schnellste Pferd der Welt. Mut, Kraft und eine vollkommene Gestalt machen es auch zu einem der besten Reitpferde. Es bewährt sich nicht nur hervorragend im Schauring, auf dem Jagdfeld oder bei Vielseitigkeitsprüfungen, sondern auch als Gebrauchspferd voller Temperament und Eleganz. Außer seinem Vorfahr, dem Araber, hat keine andere Pferderasse einen größeren oder vorteilhafteren Einfluß auf die Vielzahl der heute existierenden Pferde- und Ponyrassen ausgeübt.

Die Größe des Englischen Vollbluts liegt, je nach Verwendungszweck, zwischen 145 und 176 cm, durchschnittlich jedoch um 163 cm. Seine Gestalt ist von höchster Vollendung, der Kopf aristokratisch. Der lange, gebogene Hals wird hoch getragen, die Schultern sind schräg und gut gelagert. Der Widerrist ist ausgeprägt, der Rücken kurz und kräftig, mit gut gewölbten Rippen. Die hervorragenden Beine haben gute Knochen, kurze Röhren und eine elastische Fesselung. Die Bewegungen sind frei, raumgreifend und sehr schnell. Beim Englischen Vollblut ist jede Farbe erlaubt, doch muß es einfarbig sein.

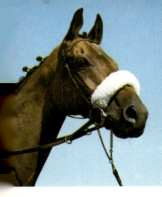

Der edle, intelligente Kopf des hervorragenden Vollblut-»Steeplechasers« Red Rum.

Die schnellsten Pferde der Welt: Englische Vollblüter im Rennen, mit dem berühmten amerikanischen Jockey Willie Shoemaker rechts im Bild. ▶

Das Englische Vollblut, eine vollendete Pferdegestalt.

Finnland
Finnischer Klepper

Finnischer Klepper bei der Arbeit.

Der Finnische Klepper ist ein überaus vielseitig verwendbares Pferd: er arbeitet auf dem Lande, schleppt Baumstämme, zieht Lasten, wird geritten, geht im Geschirr vom Gehöft zum Markt und nimmt an Trabrennen teil. Er stammt von zwei nahe miteinander verwandten Rassen ab: dem Finnischen Zug- und dem Finnischen Universalpferd. Beide Rassen haben ihren Ursprung in einer Mischung von eingeführten Warm- und Kaltblütern, die mit dem heimischen Pony gekreuzt wurden.

Finnland ist nur dünnbesiedelt, die Ortschaften sind klein und liegen oft weit auseinander. Der Finnische Klepper ist als Allroundpferd deshalb sowohl zu allen Arbeiten wie auch zum sportlichen Vergnügen der Landbevölkerung bestens geeignet. Mit einer Größe um 155 cm und eher auf Leistung als auf Schönheit gezüchtet, ist der Finnische Klepper ein kräftiges aktives Pferd mit einem mittelgroßen Kopf, kräftigem Hals, guten Schultern und breiter, starker Kruppe. Die kurzen Beine sind wohlproportioniert, mit guten Knochen, kurzen Fesseln und leichtem Kötenbehang. Als williger Arbeiter hat er eine gesunde Konstitution und große Kraft, verbunden mit freundlichem Temperament. Am häufigsten sind Füchse mit heller Mähne und Schweif.

Das Nordschwedische Pferd hat viele Pony-Merkmale.

Schweden

Nordschwedisches Pferd

Das Nordschwedische Pferd ist ein leichtes Zugpferd, das aus Kreuzungen bodenständiger Tiere zunächst mit Dölehengsten aus Norwegen und später mit Oldenburgern hervorgegangen ist. Zu Anfang dieses Jahrhunderts wurde die Rasse vereinheitlicht und festgelegt.
Obwohl es die Größe des Oldenburgers geerbt hat, behielt das Nordschwedische Pferd eine Reihe von Pony-Merkmalen. Es ist hart, langlebig, wirtschaftlich zu halten, für seine Größe recht stark und sehr resistent gegenüber Krankheiten. Sein Kopf ist ziemlich groß, der Hals kurz und stark. Der kraftvolle Rumpf ist lang und tief, und die hervorragenden Beine sind kurz, mit viel Knochen. Die Bewegungen sind energisch und raumgreifend und dabei korrekt. Als williger, eifriger Arbeiter wird das Nordschwedische Pferd in der Land- und Forstwirtschaft sehr geschätzt. 'Seine Größe liegt zwischen 154 und 156 cm, als Farben treten überwiegend Rappen und Braune auf, gelegentlich auch Füchse und Falben.
Aus dem Nordschwedischen Pferd hat sich der Nordschwedische Traber entwickelt. Er ist nur ein leichterer Typ derselben Rasse, der seines glänzenden Trabvermögens wegen gezüchtet worden ist. Wenn er auch nicht mit den europäischen und amerikanischen Trabern konkurrieren kann, ist der Nordschwedische Traber dennoch in seiner Heimat ein populäres Pferd. In der Größe und Färbung stimmt er mit dem Nordschwedischen Pferd überein.

Schwedisches Warmblut

Das Schwedische Warmblut ist ein Qualitätspferd, das seit 300 Jahren durch die Kreuzung verschiedener Kaltblutrassen mit Warmblütern gezüchtet wird, aber erst seit der Mitte des vorigen Jahrhunderts durch die Verwendung von Trakehnern, Hannoveranern, Englischen Vollblütern und Arabern gefestigt worden ist. Ursprünglich sollte das Schwedische Warmblut als gutes Kavalleriepferd für die Armee entwickelt werden.
Durchschnittlich 160 cm groß, ist das Warmblut ein starkes, gesundes Pferd von guter Gestalt, mit viel Gurtentiefe und kräftigen, schlanken Beinen. Als Hochleistungspferd zeichnet es sich bei gutmütigem Temperament durch Gehorsam und Gelehrigkeit aus.

Schwedisches Warmblut

Norwegen

Dölepferd (Gudbrandsdaler)

Diese sehr alte Rasse erinnert stark an den Friesen und an das englische Dales Pony, wobei alle drei vermutlich aus den Pferden der an die Nordsee grenzenden Länder hervorgegangen sind. Obgleich das Dölepferd 150 bis 157 cm groß wird, ist es nach Typ und Charakter ein Pony, ausgezeichnet mit den entsprechenden Qualitäten wie Langlebigkeit, Härte und der Fähigkeit, auch mit einer kargen Weide und wenig Nahrung auszukommen.
Das Dölepferd hat einen hübschen, ponyähnlichen Kopf mit geradem Profil, starke Schultern, eine tiefe Brust, länglichen Rücken und kräftige Beine mit viel Knochen und mäßigem bis starkem Behang. Auch Mähne und Schweif sind üppig ausgebildet. Die Bewegungen sind gerade, wobei eine ausgeprägte Trabveranlagung besteht. Außerdem ist das Dölepferd, von dem fast nur Rappen und Braune bekannt sind, widerstandsfähig und ausdauernd.
Ein Seitenzweig des Dölepferdes ist der Döle Traber ein leichterer Typ dieser Rasse. Durch die Einkreuzung von Traberblut waren die im Ansatz vorhandenen Eigenschaften verstärkt worden. Obgleich der Traber etwas über 153 cm mißt, bewahrt er viele Pony-Merkmale und ist ein zähes, leistungsfähiges Pferd.

Dölepferd

Fjord-Pony (Westlandspferd)

Fjord-Ponys mit der charakteristischen zweifarbigen Mähne.

Das Fjord-Pony stammt aus dem westlichen Norwegen und wurde bereits von den Wikingern gezüchtet. Heute wird es außer im skandinavischen Raum auch noch in vielen anderen Ländern gehalten. Es ist ein stämmiges, noch recht ursprüngliches Pony, das nur als Falbe in allen Schattierungen auftritt, mit dunklem Aalstrich und oft auch Zebrastreifen an den Beinen. Die Farbe von Mähne und Schweif ist typisch für diese Rasse: beide sind in der Mitte schwarz und außen hell silbrig.

Das Fjord-Pony ist kräftig, genügsam und ungemein fleißig. In den Gebirgsgegenden Norwegens, die für Traktoren und Lastwagen zu steil sind, ist es für die Landwirtschaft schlechthin unentbehrlich. Seine Trittsicherheit macht es außerdem zu einem zuverlässigen Lastenträger auf zerklüfteten Bergpfaden, oder es dient dank seines umgänglichen und freundschaftlichen Wesens als angenehmes Reitpony. Nicht zuletzt wird es auch öfters für sportliche Wettkämpfe eingesetzt.

Die Größe des Fjord-Ponys liegt bei 133–145 cm. Der wohlgeformte Kopf hat eine breite Stirn, kleine Ohren und weit auseinanderliegende, intelligente Augen. Das Maul ist fast immer heller gefärbt als das Deckhaar. Der Hals ist kurz und kräftig, der Rumpf muskulös, mit langem Rücken. Die kurzen, kräftigen Beine tragen besonders harte und große Hufe und seidenen Kötenbehang.

Dänemark

Frederiksborger

König Frederik II. gründete 1562 auf Schloß Frederiksborg ein königliches Gestüt, das er zunächst mit Spaniern und Neapolitanern besetzte, und auf dem durch Einkreuzung von östlichem und englischem Blut der Frederiksborger entstand. In den Tagen der großen europäischen Reitschulen war diese Rasse als Schulpferd hochgeschätzt wie auch als exzellentes Offizierspferd der Kavallerie.

Das Gestüt bestand bis 1839 und wurde dann aufgelöst. Zu viele der besten Pferde waren verkauft worden, um andere Zuchten aufzuwerten. Private Züchter hielten jedoch den Frederiksborger lebendig, und heute ist er in ganz Dänemark verbreitet.

Der starke und sehr gehfreudige, 155–164 cm große Frederiksborger ist heute zu einem eleganten Reitpferd geworden. Er hat einen großen Brustkorb, kräftige Schultern und gute Beine mit viel Knochen. In der Farbe überwiegen die Füchse.

Knabstrupper

Die Entstehung dieser Rasse war reiner Zufall. Während der Napoleonischen Kriege hielten sich für kurze Zeit auch spanische Truppen in Dänemark auf. Als sie wieder abzogen, ließ einer ihrer Offiziere eine gefleckte Stute zurück. Ein Metzger kaufte das Pferd und spannte es vor seinen Fleischerkarren. Ein gewisser Major Villars Lunn, Gutsherr auf Knabstrup und kenntnisreicher Züchter von Reitpferden, sah die Stute und war beein-

druckt von ihrer Schnelligkeit und Kraft. Er erwarb das Tier und stellte es zu einem Palomino-farbigen Frederiksborger Hengst. Im Jahre 1813 gebar die Stute ein geflecktes Hengstfohlen, das später zum Stammvater des Knabstruppers wurde.
Die Rasse, die auf jene stichelhaarige Fuchsstute zurückgeht, liefert zähe, aktive und gut gebaute Reitpferde, die sich durch Schnelligkeit, Kraft und gute Bewegungen auszeichnen. Außerdem ist der Knabstrupper wegen seiner aparten Tigerung, seiner Gelehrigkeit und seines ruhigen Temperaments sehr begehrt. Er erreicht eine Größe von etwa 156 cm.
Um den Knabstrupper besonders in seiner Ausdauer noch weiter zu verbessern, hat man Englische Vollbluthengste eingekreuzt.

Frederiksborger

Knabstrupper auf der Weide

Island

Island-Pony

Das Island-Pony ist nicht bodenständig. Die ersten Einwanderer in Island, Ingolfur und Leif, zwei Norweger, gingen im Jahre 871 an Land und brachten außer ihren Familien und dem Hausrat auch ihre Haustiere mit. Bald darauf trafen weitere Siedler aus Norwegen, Schottland und Irland ein, die sich, ebenso wie die Norweger, mit ihren Ponys hier niederließen. Die Ponys wurden miteinander gekreuzt und ergaben schließlich das Island-Pony.

Bis vor etwa 50 Jahren, also über ein Jahrtausend hinweg, waren die Ponys das einzige Transportmittel in Island. Sie dienten als Reit-, Last- und Zugpferde, wurden aber auch in der Landwirtschaft eingesetzt. Viele Island-Ponys wurden bis zu diesem Jahrhundert auch nach England gebracht, um in den Kohlebergwerken als Last- und Zugtiere zu arbeiten.

Heute hat die Popularität des Ponyreitens dazu beigetragen, daß das Island-Pony überlebt, nicht nur in Island selbst. Die Ponys werden in zahlreiche Länder exportiert und dort auch gezüchtet, nicht zuletzt deshalb, um den Nachwuchs für die beliebten Ponyfarmen zu sichern.

Das Island-Pony ist 122–133 cm groß, gelegentlich auch größer, kräftig und untersetzt, mit großem Kopf, intelligenten Augen, einem kurzen, dicken Hals und üppiger Mähne. Auch der Rumpf ist kurz und untersetzt, und die starken, trockenen Beine tragen harte Hufe. Es ist sehr zäh und gefügig, hat eine außerordentlich gute Sehkraft und einen erstaunlichen Orientierungssinn. Insgesamt ist das Island-Pony für seine Größe sehr stark. Am häufigsten sind Schimmel oder Falbe, doch treten auch alle anderen Farben auf.

Island-Ponys in ihrer Heimat, der rauhen und baumlosen Weite Islands.

Großbritannien

Hunter

Der Hunter ist lediglich ein Pferdetyp, der für die Jagd geeignet ist, keine besondere Rasse. Dennoch wird er in England faktisch als solche anerkannt und von der eigens gegründeten »Hunters' Improvement Society« gefördert. Offiziell werden Hunter je nach Gewicht des Reiters in 5 Kategorien eingeteilt: Leichtgewichts-, Mittelgewichts- und Schwergewichts-Hunter, kleine Jagdpferde und Damen-Jagdpferde. Die beiden ersten sind sich sehr ähnlich, der Mittelgewichts-Hunter mit etwas mehr Substanz. Schwieriger ist es, einen qualitativ guten Schwergewichts-Hunter zu züchten.

Während die leichten und mittleren Hunter meist Kreuzungen zwischen englischem Vollblut mit Warmblut- oder Kaltblutstuten sind, kommen die besten schweren Hunter aus Irland. Der berühmte Irische Hunter ist eine Kreuzung zwischen Vollblütern und Irish Draught- oder Cleveland Bay-Stuten. Die oben genannte Society veranstaltet eine jährliche Schau, auf der Vollbluthengste prämiert werden. Die derart ausgezeichneten Hengste werden auf verschiedene Gestüte in England verteilt, wo sie den Stuten zur Verfügung stehen. Die Deckgebühr liegt dabei wesentlich niedriger als bei vergleichbaren Hengsten normalerweise üblich ist.

Zu den wichtigsten Eigenschaften des Hunters gehören Springvermögen über auftretende Hindernisse, Galoppiervermögen und Ausdauer. Dazu kommen Gesundheit, schnelle Reaktion, gute Manieren und ein ausgeglichenes Temperament. Auch im Gestaltlichen charakterisieren einige Merkmale den Huntertyp, wie beispielsweise eine breite, muskulöse Hinterhand, gute Beine mit harten Knochen sowie ein langer Hals mit gutem Kopfansatz. Der Anteil des Vollbluts äußert sich schließlich in der Schnelligkeit und auch im Mut des Hunters.

Rein äußerlich entspricht der Hunter als Kreuzungsprodukt nicht immer den Normen, die von einem schönen Pferd verlangt werden. Dennoch ist es ein erstklassiges, fachmännisch entwickeltes Tier, das in allen dem Reitsport verschriebenen Ländern sehr begehrt ist.

Hunter auf dem Weg zur Parforcejagd.

Clydesdale

Clydesdale-Stute mit ihrem Fohlen.

Der Clydesdale ist ein Zugpferd aus Schottland. Die Rasse entstand um die Mitte des 18. Jahrhunderts, als Farmer aus Lanarkshire schwere flandrische Hengste einführten, um sie mit den leichteren einheimischen Landstuten zu kreuzen. Ihr Ziel war dabei die Entwicklung von kräftigeren Zugpferden nicht nur für die Landwirtschaft, sondern auch für den Einsatz in den zu dieser Zeit entstandenen Kohlebergwerken.

Obwohl der Clydesdale ein schweres Pferd ist, wirkt er doch nicht massig. In seiner Qualität übertrifft er die meisten anderen Zugpferde. Dabei ist er mit 165–170 cm nicht so groß und massig wie das Shire-Pferd, für sein Gewicht aber sehr beweglich. Bei der Auswahl der Zuchttiere wurde stets besonderer Wert auf kräftige, gesunde Beine mit langen Fesseln und harten Hufen gelegt.

Der Clydesdale hat eine breite, flache und gerade Stirn, klare, aufmerksame Augen und eine breite Maulpartie mit großen Nüstern. Der Hals ist lang und schön gebogen, der Widerrist hoch. Der Rücken ist kurz und kräftig und die Hinterhand außerordentlich stark bemuskelt. Die Hauptfarben sind vorwiegend braun, seltener schwarz, mit viel Weiß an den stark behangenen Beinen, an der Stirn und manchmal auch am Körper.

Der Clydesdale hat ein ruhiges, freundliches Temperament und ist leicht zu führen. Durch die Einkreuzung von Vollblut kann diese Rasse auch ein gutes Reitpferd ergeben, vor allem für schwergewichtige Reiter.

Shire-Pferd

Der Shire ist das größte heute lebende Pferd. Er geht auf den Alten Englischen Rappen zurück, der seinerseits von dem Großen Pferd des Mittelalters abstammt. Dieses massige Schlachtroß hatte gewaltige Kräfte. Es konnte einen Ritter in voller Rüstung – der bis zu 190 kg schwer war – in den Kampf tragen. Auch in den Tagen der Königin Elisabeth I. und noch einige Zeit danach brauchte man kraftvolle Pferde, um die schweren, ungefederten Karren und Kutschen über holprige Straßen oder gar durch wegeloses Gelände zu ziehen. Dies waren die Vorläufer des Pferdes, das etwa 200 Jahre später als Shire bekannt geworden ist. Bis zur Mechanisierung war der Shire Englands populärstes Arbeitspferd: in der Landwirtschaft und als Zugpferd in den Städten.

Das Shire-Pferd kann bis 183 cm und größer werden und ist im Durchschnitt eine Tonne schwer. Trotz seiner Größe und seines Gewichtes ist es äußerst gutartig und freundlich und dazu ein eifriger, fleißiger Arbeiter. Gestaltlich ist der Shire ein ungemein starkes Pferd mit gedrungenem Rumpf und recht langen, dichtknochigen Beinen, die mit einem üppigen Behang geschmückt sind. Der mittelgroße Kopf ist im Verhältnis zur Größe des Pferdes fein geschnitten, die Augen sind groß und freundlich, die Ohren lang und schmal. Der lange, gebogene Hals sitzt auf kraftvollen, schrägen Schultern und gibt dem Tier ein beherrschendes Aussehen. Auch die Hinterhand ist mächtig ausgebildet, mit oft abfallender Kruppe. Die Shire-Pferde treten überwiegend als Dunkelbraune und Braune auf, mit weißen Abzeichen an Kopf und Beinen, mitunter auch als Rappen und Schimmel. Daß diese imposante Pferderasse, deren ungeheure Kraft heute nicht mehr genutzt wird, nicht auszusterben braucht, ist einem wiedererwachten Interesse zuzuschreiben. So ist der Shire nicht nur Liebling des Publikums auf Landwirtschaftsschauen, sondern auch als dekoratives Brauereipferd sehr gefragt.

Ein prachtvolles Shire-Gespann.

Suffolk-Pferd
(Suffolk Punch)

Suffolk-Pferd

Der Suffolk Punch ist ein Zugpferd, das in der ostenglischen Grafschaft Suffolk entstanden ist. Seine erste Erwähnung datiert aus dem Jahre 1506. Das Suffolk-Pferd zeichnet sich durch einige Besonderheiten aus. So ist es beispielsweise ausschließlich fuchsfarben, und zwar in einem halben Dutzend verschiedener Farbtöne. Zum anderen ist es das einzige englische Zugpferd ohne Beinbehang. Und schließlich gehen alle Suffolk-Pferde in direkter männlicher Linie auf einen 1760 geborenen fuchsfarbenen Hengst zurück.

Der Suffolk Punch ist ein sehr aktives Pferd, das schneller trabt, als es von einem Clydesdale oder einem Shire-Pferd erwartet werden kann. So geht aus alten Berichten hervor, daß Traberwettbewerbe im Lastenziehen früher sehr populär waren.

Bis zu 170 cm groß wird das Suffolk-Pferd. Seine Gestalt ist gedrungen, es hat einen stämmigen Rumpf mit breitem, kräftigem Rücken und runder, starker Kruppe. Der Kopf ist groß, mit breiter Stirn und freundlichen Augen. Der muskulöse, gebogene Hals sitzt auf massiven Schultern, die Brust ist tief und breit. Die starkbemuskelten Beine, mit guten Knochen, sind relativ kurz und geben so dem Pferd eine große Zugkraft.

Der Suffolk Punch ist freundlich, zuverlässig und zudem ein fleißiger Arbeiter, der besonders auch auf schweren Böden gut zurechtkommt. Außerdem wird er von manchen Brauereien als Zugtier eingesetzt. Dieses imposante Pferd ist sehr langlebig und leistet fast drei Jahrzehnte lang treue Dienste.

Ein Gespann von Cleveland Bays in einem Fahrwettbewerb.

Cleveland Bay

Cleveland Bay

Der Cleveland Bay ist vermutlich die älteste englische Pferderasse und stammt aus dem Cleveland Distrikt in Nordost-Yorkshire. Den reisenden Händlern (chapmen) diente er im 17. und 18. Jahrhundert als Packpferd und war damals unter dem Namen Chapman's Horse bekannt. Abgesehen von einigen Vollbluteinkreuzungen im späten 18. Jahrhundert, blieb diese Rasse frei von äußeren Einflüssen. Während er im heimatlichen Yorkshire hauptsächlich in der Landwirtschaft eingesetzt wird, war der Cleveland Bay schon immer ein berühmtes weitverbreitetes Kutschpferd. Viele europäische Warmblutrassen haben zum Teil Cleveland-Vorfahren.

Nachdem lange Zeit nur einige wenige Züchter die alten Blutlinien weiter pflegten, ist der Cleveland Bay heute wieder sehr gefragt. Der Grund hierfür liegt teilweise in dem wiedererwachten Interesse an Fahrwettbewerben, zum anderen wird diese Rasse gerne mit Englischem Vollblut gekreuzt, um ideale Hunter und Springpferde zu erzeugen.

Der Cleveland Bay ist nicht nur ein sehr stattliches und intelligentes Pferd mit einem sensiblen Temperament. Kraft, Ausdauer und Langlebigkeit sind weitere positive Merkmale dieser Rasse. Die Haarfarbe ist ausschließlich braun oder dunkelbraun; die einzigen zulässigen weißen Abzeichen sind allenfalls kleine Sterne. Die Größe liegt zwischen 155 und 164 cm; der Kopf ist groß, und der lange Hals sitzt auf gut geformten Schultern. Der Körper, obwohl ziemlich lang und mit viel Gurttiefe, ist wie die Hinterhand recht kräftig. Die kurzen, muskulösen Beine haben sehr gute Knochen und Hufe, aber keinen Behang. Die Bewegungen des Cleveland Bay sind gerade, frei und weit ausschreitend.

Irish Draught Horse
(Irisches Zugpferd)

Der Begriff Zugpferd ist für Pferde dieser ausgezeichneten Rasse etwas irreführend, man bezeichnet sie besser als Mehrzweckpferd. Als solches ist sie auch über Generationen von den irischen Bauern eingesetzt worden – für Arbeiten in der Landwirtschaft, als Wagenpferd und für viele sportbegeisterte Besitzer auch als Jagdpferd. Entsprechend den unterschiedlichen Landschaftsformen in Irland bildeten sich verschiedene Varianten dieser Rasse heraus. Erst mit der Einführung des Irish Draught Stud Book im Jahre 1917 war auch der Rassentypus festgelegt worden.

Mit der Mechanisierung setzte ein Rückgang des Irish Draught Horse ein. Heute wird die Zucht durch das Irish Horse Board jedoch wieder gefördert. Mit der Verleihung von Preisen und der Zuerkennung von Prämien für gute Hengste, Stuten und Fohlen wird von dieser Stelle aus eine durchaus weitsichtige Politik betrieben: Die Kreuzung des Irish Draught mit Englischem Vollblut bringt die Jagd- und Springpferde hervor, für die Irland berühmt ist. Eine solche Kreuzung erfordert allerdings gute und rassenreine Zuchttiere, die durch die Initiative des Horse Board zur Verfügung stehen.

Das Irish Draught Horse ist zwischen 153 und 173 cm groß und hat einen sensiblen und energischen Charakter. Der kurze, dicke Hals sitzt auf exzellenten, massiven Schultern, der kraftvolle, ziemlich lange Körper auf stabilen, muskulösen Gliedmaßen mit sehr viel Knochen, großen runden Hufen und nur leichtem Kötenbehang. Innerhalb dieser Rasse treten Braune, Dunkelbraune, Füchse und Schimmel auf. Ihre Bewegungen sind frei und gerade, und die meisten Irish Draughts sind von Natur aus gute Springer.

Irish Draught-Stute und ihr Fohlen.

Connemara Pony unter dem Sattel.

Connemara Pony

Das Connemara gehört zu einer der ältesten Pferderassen der Britischen Inseln und lebt seit langen Zeiten wild auf den Bergen an der Westküste Irlands. Im Laufe der Jahrhunderte wurde spanisches (Andalusier) und Araberblut eingekreuzt. Seit der Gründung des Connemara Pony-Verbands im Jahre 1928 bemüht man sich jedoch, durch eine sorgfältige und selektive Zucht die Rasse intakt zu halten. Heute wird das Connemara außer in Irland an vielen Orten Großbritanniens gezüchtet, und ein großes Gestüt gibt es auch in Frankreich.

Das Connemara Pony ist eines der vielseitigsten aller englischen Ponyrassen. Da es außergewöhnlich freundlich und leicht zu behandeln ist, eignet sich das Connemara ausgezeichnet als Kinderreitpony. Außerdem ist es ein hervorragender Springer. Dank seiner kräftigen Konstitution und seiner Größe zwischen 133 und 147 cm eignet sich dieses Pony auch als Reittier für Erwachsene. Kreuzungen mit dem Englischen Vollblut ergeben ausgezeichnete Reitpferde, ausgestattet mit den Vorzügen des Vollbluts und der Intelligenz, Trittsicherheit und Robustheit eines guten Ponys.

Vom Typ her ist das Connemara ein echtes Pony. Es hat einen lebhaften, guten Kopf, mittellangen Hals auf kräftigen, schrägen Schultern und einen kompakten Rumpf mit viel Gurtentiefe. Die Beine sind kurz und hart mit viel Knochen und harten Hufen. Erwähnenswert sind die erhebliche Kraft, Zähigkeit und Klugheit des Connemara, desgleichen sein gutes Springvermögen. Schimmel sind heute am häufigsten, daneben Braune und Dunkelbraune; Rappen treten seltener auf. Die ursprünglichsten Vertreter dieser Ponyrasse waren Falben, mit Aalstrich und schwarzen Punkten.

Dales Pony

Das Dales Pony ist in den Tälern Nordenglands, östlich der Penninkette, beheimatet. Wegen seiner beachtlichen Körperkraft wurde es früher lange Zeit als Packpferd in den Bleiminen von Northumberland und Durham verwendet. Dabei trug es Lasten bis zu 100 kg von den Gruben zur Küste über eine Entfernung von mehr als 60 Kilometer. Durch diese Leistung wurde das Dales Pony für seine Stärke, Zähigkeit und Einsatzfreude allgemein bekannt.

Im vorigen Jahrhundert kreuzte man einen im Trabrennen berühmten Welsh Cob-Hengst so erfolgreich mit den Dales-Stuten, daß heute jedes Dales Pony auf diesen Hengst zurückgeht. Zum anderen hat er seinen Nachkommen das Talent des freien und schnellen Trabens vererbt. Mit dem Einsatz schwerer Maschinen und des Autos war die Zahl dieses echten Mehrzweckponys, das als Reittier, im Gespann und in der Landwirtschaft verwendet werden konnte, so drastisch zurückgegangen, daß es vom Aussterben bedroht war. Das Ponytrekking, das vor wenigen Jahrzehnten in Mode kam, rettete es schließlich vor dem völligen Verschwinden. Dales-Stuten sind auch erfolgreich mit Englischem Vollblut verpaart worden. Diese Kreuzung brachte sehr aktive, kräftige und beherzte Pferde hervor, die sich in Fahr- und Ponyklubs gut bewährt haben.

Dales Ponys haben eine Größe zwischen 143 bis 148 cm und sind zumeist schwarz, braun oder dunkelbraun. Weiße Abzeichen sind bis auf einen kleinen Stern auf der Stirn unerwünscht. Der Kopf ist zierlich, ponyähnlich, der Hals zuweilen etwas kurz und die Schultern manchmal zu gerade. Doch der Körper ist sehr kraftvoll, mit muskulösem Rücken und Hinterhand. Beine, Gelenke und Hufe sind gut, und das Pony ist für seine Gestalt nicht großknochig. Mähne und Schweif sind üppig, desgleichen der Kötenbehang. Dales Ponys sind umgänglich, trittsicher und leicht zu lenken.

Dales Pony-Hengst.

Fellpony

Einstmals bildeten Dales und Fellpony eine einzige Rasse, wobei der Unterschied in den Namen allein geographisch bedingt ist: Das Fellpony bewohnt die Westseite der Penninkette und die Gebirgsgegenden von Cumbria. Gleich den Dales transportierten auch die Fellponys im vorigen Jahrhundert schwere Lasten von den Bleigruben zur Küste, doch während die Dales Ponys durch Einkreuzungen mit fremdem Blut vermischt worden waren, haben die Züchter des Fellponys streng auf die Reinheit dieser Rasse geachtet. Nur wenige der einheimischen Ponyrassen bewahren ihren Typ durch Reinzucht heute besser als das Fellpony. Gleichwohl hat man auch Stuten dieser Rasse erfolgreich mit Englischem Vollblut verpaart.

Obwohl mit einer Größe von 133–143 cm kleiner als das Dales, ist das Fellpony ebenso zäh, kräftig und abgehärtet, wobei es noch den Vorteil einer besseren (nämlich schrägen) Reitschulter hat. Es eignet sich sehr gut zum Fahren wie auch zum Reiten, wird weithin als Trekkingpony benutzt und ist wendig genug, um auch als Jagdpferd in schwerem Gelände zu gehen. Seine Trittsicherheit und seine Umgänglichkeit machen es auch zu einem ausgezeichneten Reittier für ältere Pferdefreunde.

Der hoch getragene Kopf des Fellponys ist lebhaft, mit kurzen, spitzen Ohren. Der Hals hat eine gute Länge, die Schulter ist schräg, und der muskulöse Körper weist gut gewölbte Rippen, kräftige Lenden und eine kräftige, abfallende Kruppe auf. Die Beine sind trocken und stark, mit etwas Kötenbehang, die Hufe hart und rund. Mähne und der hoch getragene Schweif sind üppig und dicht. Die Mehrzahl der Fellponys sind Rappen; Dunkelbraune, Braune oder Schimmel treten gelegentlich auf; Abzeichen sind selten.

Fellpony beim Schaufahren.

Dartmoor Pony

Dartmoor Pony

Auch heutzutage ist Dartmoor in Devonshire noch das weite, unberührte Moorland, das seit Jahrhunderten die Heimat des Dartmoor Ponys gewesen ist. Im Laufe der Zeit hat die Rasse einige Beimischungen fremden Blutes erfahren, doch seit vielen Jahren bemühen sich die Züchter intensiv um die Reinzucht und die Erhaltung des Standardtyps.

Wie alle einheimischen Ponys sind auch die Dartmoors extrem widerstandsfähig und können unter rauhen klimatischen Bedingungen und mit einem nur kargen Nahrungsangebot überleben. Ihre gerin-

Dartmoor Ponys in der heimischen Umgebung.

ge Größe und ihr freundlicher und umgänglicher Charakter macht sie zu idealen Erstponys für Kinder. Sie sind indessen stark genug, um auch Erwachsene mit Leichtigkeit zu tragen, was in ihrer Heimat oft genutzt wird. Auch ihre Sprungbegabung ist erwähnenswert.
In der Größe sollen Dartmoor Ponys 127 cm nicht überschreiten. Braun, Dunkelbraun und Schwarz sind die bevorzugten Farben, doch sind auch alle anderen erlaubt, außer Schecken. Sie haben kleine, aristokratische Köpfe mit sehr kleinen, spitzen Ohren. Der Hals ist stark, wirkt aber nicht schwer; Rücken, Lende und Kruppe sind kräftig und gut bemuskelt. Ihre flachen und freien Bewegungen entsprechen denen eines echten Reitponys, für deren Zucht Dartmoors oft als Grundstock genutzt werden. Dartmoor-Gestüte gibt es sowohl in Frankreich wie auch in England.

Exmoor Pony

Die Exmoor Ponys leben in dem ursprünglichen und weitläufigen Moorland Exmoor im Südwesten von Devon und Somerset, und sie sind die älteste einheimische Rasse, die mehr oder weniger unverändert aus keltischen Ponys hervorgegangen sein soll. Schon 1065 wurde das Exmoor Pony als eigene Rasse im Domesday Book erwähnt.

Das Exmoor Pony hat viele charakteristische Merkmale. Während die Farbe braun, dunkelbraun oder mausfalb sein kann, haben alle Ponys ein cremefarbiges »Mehlmaul« sowie dieselben hellen Stellen am Bauch und an der Innenseite der Schenkel. Das obere Lid ist sehr schwer, so daß die Augen etwas verdeckt erscheinen und lokal als »Krötenaugen« bezeichnet werden. Das Winterfell ist von eigenartiger Beschaffenheit: kurz, dick, elastisch abstehend und wasserdicht. Im Sommer dagegen ist es hart, dicht anliegend und glänzend wie Messing.

Exmoor Ponys sind zäh, ausdauernd und ungemein kräftig. Sie eignen sich ausgezeichnet als Kinderponys, tragen jedoch auch mühelos Erwachsene. Ihre Gestalt ist sehr gut, breitbrüstig, mit schräger Schulter, starkem Rücken und kräftiger Kruppe. Die Beine sind trocken und kräftig, mit guten Knochen und kleinen, festen Hufen. Wie das Dartmoor Pony, bildet auch das Exmoor Pony oft den Grundstock für die Zucht von Reitponys. Hengste des Exmoor Ponys sollen nicht größer als 125 cm und Stuten nicht größer als 124 cm sein.

Exmoor Ponys in dem weiten Moorland ihrer Heimat.

New Forest Pony

Seit dem 10. Jahrhundert lebten Ponys wild im New Forest, einem heute offeneren Waldgebiet in Südengland. Sie wurden jedoch im Laufe der Zeit mit viel Fremdblut vermischt, so daß es schwerfiel, einen bestimmten Typ des New Forest Ponys herauszuzüchten. Deshalb ist seine Größe, die zwischen 122 und 145 cm liegt, auch sehr unterschiedlich. Die größeren sind echte Familienponys und eignen sich sehr gut als Reittiere für Kinder und leichtere Erwachsene.

New Forest Ponys können jede Farbe haben, nur Schecken sind nicht erlaubt. Sie sind willig, gelehrig und sehr gefügig. Der jahrhundertelange Kampf ums Überleben in der Freiheit hat ihre Intelligenz und ihr Durchsetzungsvermögen gestärkt.

Die selektiven Zuchtbemühungen in den letzten Jahren haben das New Forest zu einem Pony von bemerkenswerter Qualität gemacht. Die Schulter ist gut, der kurze Rücken hat viel Gurtentiefe, und seine Bewegungen sind frei und gerade. Die Rasse wurde schnell zu einer der bekanntesten unter den britischen Ponyrassen, und zahlreiche New Forest Ponys werden heute in viele Länder ausgeführt.

Eine New Forest-Stute mit ihrem Fohlen.

Highland Pony

Highland Ponys in der wilden Landschaft Schottlands.

Das Highland Pony ist die größte aller britischen Berg- und Moorrassen und wahrscheinlich auch eine der ältesten. Vermutlich stammt es von einer Kreuzung des keltischen Ponys mit dem Waldpferd ab. Auch Araberblut fließt in den Adern des Highland Ponys. Seine Heimat ist das schottische Hochland sowie einige der Inseln vor der Westküste Schottlands.

Die schottischen Kleinbauern verwendeten das Highland Pony Jahrhunderte hindurch für vielerlei Zwecke: zum Fahren, Reiten und in der Landwirtschaft. Später wurde es – und wird auch noch heute – als Jagdpony geschätzt. Es trägt den Jäger in die Berge und ist so trittsicher, daß es den erlegten Hirsch auf dem Rücken über steile und glatte Pfade zu Tal bringen kann. Vielleicht wäre das Highland Pony niemals über die Grenzen seiner Heimat hinaus bekannt geworden, wenn nicht in den letzten Jahren das Ponytrekking eingesetzt hätte. Dieses Freizeitvergnügen hat in Schottland seinen Anfang genommen. Heutzutage sind die Highland Ponys in ganz England bekannt und werden auch exportiert.

Gut zugeritten und genügend ernährt, sind die Highland Ponys als Reittiere jeder der anderen großen heimischen Rassen ebenbürtig. Sie sind empfindsam, gelehrig und einem guten Besitzer gegenüber äußerst zutraulich. Neben ihrer Energie und Trittsicherheit zeichnen sich einige durch ihr erstaunliches Springtalent aus. Für ihre Größe sind sie außerordentlich kräftig und deswegen gut als Familienponys geeignet. Sie tragen ebensogut Kinder wie Erwachsene.

Die Größe des Highland Ponys liegt zwischen 124 und 145 cm. Sein Kopf ist gut gestaltet, mit kurzen Ohren, lebhaften, klugen Augen und offenen Nüstern. Der kräftige Hals ist mittellang mit starkem Kamm, die Brust breit, der Rücken kurz und die Rippen gut gewölbt. Die Hinterhand ist breit und kräftig; die kurzen Beine sind trocken und stark, mit viel Knochen, harten, breiten Hufen und dichtem Kötenbehang. Üppig sind auch die Mähne und der gut angesetzte Schweif.

Die Mehrzahl der Highland Ponys sind Falbe in verschiedenen Tönungen, mit Aalstrich und gelegentlich Zebramuster an den Beinen sowie silbrigen Haaren in Mähne und Schweif. Daneben treten, wenn auch seltener, Braune, Füchse, Rappen und Schimmel auf.

Shetland Pony

Abgesehen von dem argentinischen Falabella, einem wahrhaften Minipferd, ist das Shetland das kleinste aller Ponys. Es ist zugleich, im Verhältnis zu seiner Größe, das kräftigste Pferd aller Rassen. Seine Heimat sind die Shetland-Inseln vor der Nordküste Schottlands, seine Herkunft selber liegt im dunklen. Vielleicht hatten es in ferner Vergangenheit Einwanderer aus Skandinavien mitgebracht und später mit dem keltischen Pony des Festlandes gekreuzt.

Die Ponys wurden früher zu allen Arbeiten herangezogen. In Ermangelung anderer Transportmöglichkeiten, dienten sie den Inselbewohnern auch als Reittiere. In der Mitte des vorigen Jahrhunderts wurden sie in großer Zahl als Grubenpferde in den nordenglischen Kohlenbergwerken eingesetzt. Während damals viele der besten Zuchttiere die Inseln verließen, gibt es heute wieder umfangreiche Herden auf den Shetlands. Die Ponys werden aber auch im Ausland gezüchtet.

Wenn darauf geachtet wird, daß sie durch reichliche Nahrung nicht zu fett werden, sind die Shetlands ideale Erstponys für Kinder. Sie sind leicht auszubilden und dann sehr umgänglich, anpassungsfähig und verständig. Auch als Fahr- und leichte Zugpferde sind sie bestens geeignet.

Die Größe des Shetland Ponys beträgt im Durchschnitt 95 cm und sollte 104 cm nicht überschreiten. Der Kopf ist klein und vornehm, mit großen, freundlichen Augen, kleinen Ohren, einem kleinen Maul und offenen Nüstern. Der Hals ist vergleichsweise lang und kräftig, die Schultern sind schräg. Der kurze, kräftige Rücken hat viel Gurtentiefe, die Kruppe ist kräftig. Die sehr harten Beine haben nur kurze Röhren und kleine Hufe. Das Winterfell ist sehr dicht, das Sommerfell fein und glatt. Üppig ist auch die Mähne und der lange, buschige Schweif. Das Shetland Pony kommt in jeder Farbe vor einschließlich Schecke und Falbe.

Shetland Ponys auf der Insel Moussa der Shetland-Gruppe.

Welsh Mountain Pony

Die Welsh Ponys werden in vier Sektionen eingeteilt, von denen das Welsh Mountain die älteste ist (Sektion A). Diese Ponys, in ihrer Erscheinung kleinen Arabern ähnlich, haben schon lange vor dem Auftreten der Römer in Britannien die Waliser Berge durchstreift. Julius Cäsar gründete ein Gestüt in Merionethshire und führte als erster orientalisches Blut ein. Im 19. Jahrhundert kam noch Araberblut hinzu.

Von hoher Intelligenz, stark und ausdauernd, ist dieses kleine und noble Pony vielleicht die schönste aller englischen Berg- und Moorrassen. Als Reitpony für Kinder ist es ebensosehr begehrt wie als Zuchtgrundlage für Reitponys und für Welsh Ponys der Sektionen B und C.

Das Größenlimit des Welsh Mountain Pony liegt bei 122 cm. Der Kopf ist ausgesprochen arabisch, mit leichtem Hechtprofil, großen, weit auseinanderliegenden Augen und kleinen, spitzen Ohren. Der Hals ist anmutig, die Schulter lang und schräg und der Rücken kurz und muskulös. Der Schweif ist hoch angesetzt und wird schön getragen, die Bewegungen sind spielerisch. Mit Ausnahme von Schecken sind alle Farben erlaubt.

Ein Gespann von Welsh Mountain Ponys bei einem Fahrwettbewerb.

Ein Welsh Pony der Sektion B, das Reitpony von Wales.

Welsh Pony (Sektion B)

Das Welsh Pony (Sektion B) ist das Reitpony von Wales. Es geht auf das Welsh Mountain Pony zurück und vermutlich auf dessen Kreuzung mit einem Welsh Pony (Sektion C), einem Araber oder einem kleinen Vollblut. Es ist mit einem Limit von 137 cm größer als das Mountain Pony. Obwohl besonderer Wert auf ihre Eignung als Reitponys für Kinder gelegt wird, sollten die Ponys der Sektion B die charakteristischen Merkmale hinsichtlich ihres Wesens und ihrer Körperkraft nicht einbüßen. Ihre äußere Erscheinung sollte deshalb der des Welsh Mountain Ponys ähneln.

Welsh Pony (Sektion C)

Dieses erstklassige kleine Pony, dessen Größe 137 cm nicht überschreiten darf, nimmt seinen Ursprung gleichfalls vom Welsh Mountain Pony. Man könnte es als die etwas mehr zum gedrungeneren Cob-Typ tendierende Version des Mountain Ponys beschreiben oder als die kleinere, leichtere und feinere Form des großen Welsh Cob. Eifrig, willig und beherzt, ist das Sektion-C-Pony ein idealer Hunter für ein Kind oder einen leichteren Erwachsenen. Auch als Wagenpony war es früher sehr begehrt. Obwohl das Pony der Sektion C wahrscheinlich das am wenigsten bekannte der vier Welsh-Typen ist, dürfte es das vielseitigste sein.

Das Welsh Pony der Sektion C ist ein Pony des Cob-Typs und zugleich eines der besten seiner Rasse.

Welsh Cob (Sektion D)

Die Zucht dieser herrlichen Tiere war Jahrhunderte hindurch eine Tradition der walisischen Farmer. Sie basierte anfangs auf dem Welsh Mountain Pony und dem heute ausgestorbenen Waliser Zugpferd. Welsh Cobs waren schon immer wegen ihres Trabertalentes berühmt, und viele Traberzuchten auf der ganzen Welt sind von ihnen beeinflußt worden. Doch sie können auch galoppieren, springen und sind ausgezeichnete Reitpferde und Hunter. Und schließlich können sich Welsh Cob-Gespanne bei Fahrwettbewerben gegenüber jedem Gegner behaupten.

Welsh Cobs sind in der Regel 142–158 cm groß. Trotz dieser Größe haben sie den kleinen, erstklassigen Ponykopf, wie er für alle Welsh-Typen bezeichnend ist. Der kräftige, muskulöse Rumpf hat viel Gurtentiefe; die Brust ist breit und tief, die Kruppe ungeheuer kraftvoll, und die Beine sind stark, mit breiten Röhren und schwachem seidigen Kötenbehang. Das Mähnen- und Schweifhaar ist fein und seidig. Wie andere Welsh Ponys, ist der Cob ausgeglichen, gutmütig und folgsam, aber doch voller Mut, Energie und Feuer. Wie bei allen Welsh-Typen, ist jede Farbe erlaubt, außer Schecken.

Reitpony

Das Reitpony ist ein vergleichsweise junges Zuchtprodukt, das den Zweck verfolgt, kleine Tiere von guter Qualität zu entwickeln. Sie müssen einem Schau-Standard entsprechen und zum anderen als Reitpony für Kinder bestens geeignet sein. Ihre Entstehung geht in erster Linie auf die Kreuzung englischer Ponystuten, zumeist Welsh oder Dartmoor, bisweilen auch Exmoor, mit kleinen Vollblut- oder Araberhengsten zurück. Mit eigenem Stud Book und eigenen Reitpony-Hengsten ist die Rasse nunmehr festgelegt.

Die Zucht dieser Ponys erfordert viel Erfahrung und Geschicklichkeit: Ein Zu-

Reitpony

Ein Gespann von Welsh Cobs bei einem Wettbewerb

viel an Vollblut ergibt kleine Pferde anstelle der Ponys, während bei zu viel Araberblut die Merkmale dieser Rasse überwiegen. Früher oder später wird man nicht umhinkönnen, durch Einmischung heimischen Blutes den echten Pony-Charakter zu bewahren.

In ihrer Gestalt sind die Reitponys wirklich schöne Tiere, mit einem kleinen, wohlgeformten Kopf, großen, weit auseinanderliegenden Augen und kleinen wachsamen Ohren. Der Hals sitzt anmutig auf guten Schultern; der Rumpf hat viel Gurtentiefe, und die Kruppe ist gut bemuskelt. Der Schweif ist hoch angesetzt. Die Beine sind tadellos, mit kurzen Röhren und festen Knochen. Ihre Bewegungen sind gerade und frei. Dennoch bleiben sie echte Ponys, intelligent und wachsam, eifrig und gut zu leiten. Ihren kindlichen Reitern können sie viel Spaß machen und manchen Wettbewerb im Schauring für sich entscheiden.

Reitponys teilt man in drei Größen ein: bis 124 cm, bis 135 cm und bis 145 cm, wobei die besten Ponys der letzten Größenklasse Preise erzielen können, die nahe an die für Rennvollblüter herankommen. Alle Farben, außer Schecken, sind erlaubt.

Hackney und Hackney Pony

Der Hackney ist in der Regel 146–156 cm groß, kann aber auch größer sein. Der kleine, wohlgeformte Kopf hat ein gerades oder leicht konkaves Profil, mit großen Augen, kurzen, spitzen Ohren und kleinem Maul. Der gebogene Hals wird schön getragen, die Schultern sind stark, mit einem ausgeprägten Widerrist. Der kompakte Rumpf hat gut gewölbte Rippen und eine muskulöse, runde Kruppe. Die Beine sind kurz und stark, mit kurzen Fesseln und elastischen Gelenken. Der Schweif ist hoch angesetzt und wird noch betont hoch getragen.

Das auffallendste Merkmal des Hackney liegt in seinen Bewegungen. Auch seine stolze Haltung strahlt viel Eleganz aus. Beim Traben werden die Vorderbeine ungewöhnlich hoch angehoben und die Hufe in einer sehr graziös wirkenden, runden Bewegung nach vorn geworfen. Die Aktion der Hinterbeine ist ähnlich, wenn auch in etwas abgeschwächter Form. Dabei verharrt jeder Fuß für einen ganz kurzen Moment in der Luft, so daß der Eindruck entsteht, als ob das Tier über den Boden schweben würde, ein brilliant gehendes Pferd von wunderbarer Leichtigkeit.

Das Hackney Pony dagegen entwickelte sich in der Mitte des vorigen Jahrhunderts und soll auf einen kleinen Hackney-Hengst mit Namen St. Georg zurückgehen. Es darf nicht größer sein als 145 cm und muß eindeutig Ponycharakter aufweisen, ist also nicht nur ein kleines Pferd. Seine Aktionen erscheinen noch extravaganter als die des Hackney. Die »Knie« werden dabei so hoch angehoben, daß die angewinkelten Fesseln den Körper berühren.

Sowohl der Hackney wie auch das Hackney Pony treten zumeist als Brauner, Dunkelbrauner, Fuchs oder Rappe auf. Beide sind heute vor allem im Schauring sehr beliebt, wo sie einen besonderen Anziehungspunkt darstellen. Auch bei Fahrwettbewerben werden sie erfolgreich eingesetzt.

Der Hackney geht auf den Norfolk Roadster zurück, eine namhafte Traberrasse im 18. Jahrnundert. Der Roadster war ein kraftvolles Pferd von großer Stärke und Ausdauer; der berühmte *Norfolk Cob* soll in einer Stunde 39 km im Trab zurückgelegt haben. Die besten Roadster stammten von einem Pferd mit dem Namen *Sha-*

les ab, einem Enkel des Vollbluts *Flying Childers,* der seinerseits einer der Söhne des *Darley Arabian* war. Somit hat der Hackney sowohl Arabisches als auch Englisches Vollblut unter seinen Vorfahren.

Ein Hackney im Geschirr.

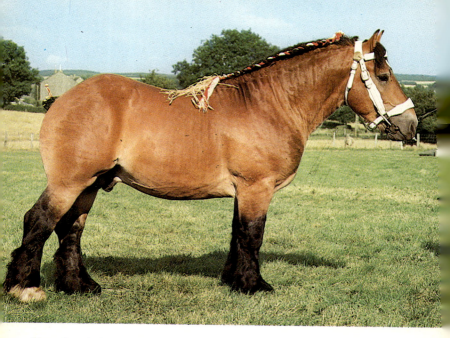

Ardenner

Frankreich

Ardenner

Der Ardenner ist eine alte Zugpferdrasse des gedrungenen Cob-Typs. Er stammt aus den Ardennen, einem Gebirgszug zwischen Frankreich und Belgien, und soll auf das leichte Zugpferd zurückgehen, das Caesar in seinem Bericht über die Eroberung Galliens lobend erwähnt hat.

Wegen seiner großen Energie und Fügsamkeit, gepaart mit einem lebhaften Temperament, spielte der Ardenner im französischen Militärdienst eine bedeutende Rolle. In den Napoleonischen Kriegen ertrugen sie beispielsweise den schrecklichen Winter während des Feldzuges in Rußland besser als irgendeine andere Pferderasse. Ardenner wurden auch als Artilleriepferde im ersten Weltkrieg eingesetzt.

Auch in Belgien ist die Rasse sehr verbreitet. Kreuzungen mit dem Belgischen Zugpferd hatten einen positiven Einfluß auf die Größe des Ardenners. In Schweden wurden eingeführte belgische Ardenner mit einheimischen Pferden gekreuzt und ergaben den mittelschweren Schwedischen Ardenner. In Frankreich ist das Überleben der Rasse gesichert, da in vielen nationalen Gestüten gute Ardennerhengste gehalten werden.

Die Größe des Ardenners liegt zwischen 155 und 165 cm. Seine Gestalt ist wuchtig und gedrungen. Der kompakte, muskulöse Körper, mit einer sehr breiten, tiefen Brust und einer mächtigen Kruppe, ruht auf kurzen Beinen mit starken, ausgezeichneten Knochen. Der Kopf ist wohlgeformt, mit breiter Stirn und kleinen Ohren. Der Hals ist stark gebogen und sitzt auf schrägen Schultern. Sie erlauben die freien, geraden Aktionen, die den Ardenner beweglicher machen als viele andere Zugpferdrassen. Er tritt meist als Schimmel auf, daneben als Dunkelfuchs und Dunkelbrauner.

Boulonnais

Der Boulonnais stammt aus dem nördlichen Frankreich. Er ist ein ungewöhnliches Zugpferd mit einem beträchtlichen Anteil orientalischen Blutes von Hengsten, die französische Kreuzfahrer aus dem Osten mitgebracht hatten. Obgleich ein echtes schweres Zugpferd, hat der Boulonnais von seinen Vorfahren nicht nur gute Bewegungen, sondern auch eine gewisse Schnelligkeit geerbt. In früheren Zeiten wurde er häufig als Wagenpferd gebraucht. Hierzu waren Kraft und Schnelligkeit ebenso gefragt wie beim Transport von Fisch- und Muschelladungen, die in kürzester Zeit von der Küste nach Paris gebracht werden mußten.

Der Boulonnais ist ein sehr großes, schweres Pferd, mit einer Höhe von 160 bis 170 cm. Trotz seiner massigen Gestalt ist er von ausgezeichneter Qualität, und die Züchter von Zugpferden sind der Ansicht, daß ein Schuß Boulonnaisblut bei anderen Zugpferdrassen die gleiche Wirkung zeigt wie ein Schuß Vollblut bei Reitpferden. Heutzutage ist der Bedarf an schweren Zugpferden drastisch gesunken. Es ist deshalb sehr zu begrüßen, daß die nationalen Gestüte in Frankreich dafür Sorge tragen, daß diese alte und so eindrucksvolle Rasse nicht ausstirbt.
Beim Boulonnais herrschen Schimmel vor, doch sind auch Füchse und Braune erlaubt.

Boulonnais

Percheron-Dreigespann in dem französischen Nationalgestüt Haras du Pin.

Bretone

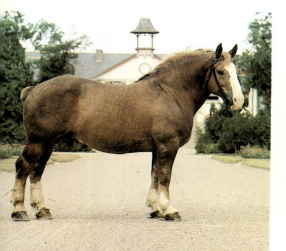

Percheron

Von allen Rassen schwerer Zugpferde ist der Percheron wohl die bekannteste. Er ist über die ganze Welt verbreitet. Er stammt aus dem Gebiet von La Perche in Nordfrankreich und stellt eine Mischung verschiedener Rassen dar, mit gelegentlichen Einspritzern von Araberblut. Ein Percheron-Stutbuch wurde 1882 eingeführt.

Ursprünglich nicht nur für Arbeiten in der Landwirtschaft gezüchtet, sondern auch als Zugtier für schwere Kutschen und Artillerie, ist der Percheron ein Zugpferd von außergewöhnlicher Qualität. Trotz seiner äußerst massigen Gestalt – manche wiegen bis zu einer Tonne – hat er ausgezeichnete Bewegungen und eine erstaunliche Eleganz.

Mit einer Größe zwischen 160 und 170 cm ist der Percheron gut proportioniert, mit tiefem Rumpf und mittellangen, stabilen und muskulösen Beinen. Wie das englische Suffolk-Pferd hat er nur wenig oder keinen Beinbehang. In der Farbe gibt es nur Rappen und Schimmel. Die Rasse wurde 1916 in England eingeführt, wo es nun auch eine British Percheron Society gibt.

Bretone

Diese alte Rasse ist in der Bretagne zu Hause. Im Mittelalter gab es zwei verschiedene Typen: das schwerere Zug- und Arbeitspferd und das leichtere Reitpferd. Im 18. Jahrhundert wurde verschiedentlich fremdes Blut – Norfolk Trotter und Englisches Vollblut – eingekreuzt. Heute ist der Bretone ein kräftiges, stabiles und gedrungenes, mittelschweres Zugpferd. Dazu ist er lebhaft, eifrig und einsatzwillig, und gibt so ein ausgezeichnetes Allzweckpferd für den Kleinbauern ab. Mit einer Größe von 146–163 cm hat der Bretone einen kurzen Hals, einen tiefen, kraftvollen Rumpf und eine gut entwickelte, muskulöse Kruppe. Er tritt als Brauner, Fuchs, Braunschimmel oder Fuchsschimmel auf. Die gelegentliche Ausbildung eines dunklen Kreuzes auf dem Widerrist deutet auf seine Abkunft von primitiven Pferden hin.

Comtois

Diese sehr alte Pferderasse ist in der Gebirgsgegend an der französisch-schweizerischen Grenze beheimatet, wo sie angeblich seit dem 6. Jahrhundert existieren und auf deutsche Pferde zurückgehen soll. Der Comtois ist ein leichtes Zugpferd, energisch, eifrig und trittsicher, oder als kräftiger Cob-Typ ein Reitpferd für schwergewichtige Reiter.

In seiner äußeren Erscheinung erinnert der Comtois an die Armeepferde Ludwigs des XIV., und er gleicht vielfach den Pferdedarstellungen auf alten Wandteppichen. Bei einer Größe von 146–156 cm zeigt er die Cob-Merkmale eines kraftvollen Rumpfes mit starker Kruppe und kurzen, stabilen Beinen mit wenig Behang. Der Comtois ist vorherrschend fuchsfarben, mit dichter, heller Mähne und Schweif. Wie alle Cobs ist er stark, energisch und ein sehr einsatzwilliges Pferd.

Comtois-Stuten auf der Weide.

Anglo-Normanne

Die Normandie war schon immer ein bedeutendes Zentrum der Pferdezucht in Frankreich. Das Klima ist mild und der Boden reich an Kalk, so daß ein gutes und gesundes Knochenwachstum begünstigt wird. Der Anglo-Normanne soll auf das Normannische Pferd des 11. Jahrhunderts zurückgehen, ein starkes und ausdauerndes Tier, das als Kriegspferd eingesetzt wurde. Wilhelm der Eroberer nahm viele mit nach England und verbesserte damit auch die englischen Pferde jener Zeit. Durch die Vermischung mit Zugpferden wurde das Normannische Pferd später verdorben und erst im 18. Jahrhundert durch die Einkreuzung von Arabischem und Englischem Vollblut wieder verbessert.

Im 19. Jahrhundert entstand durch einen starken Import von Norfolk-Trottern aus England der Anglo-Normannische Traber, ein vielseitiges, sehr aktives Pferd für Geschirr und Sattel, kräftig und mit sehr guten Knochen und Muskeln. Heute als Anglo-Normanne bekannt, wird diese Rasse gerne zur Blutauffrischung für andere oder als Ausgangsmaterial für neue Rassen verwendet, wie etwa für das Französische Reitpferd.

Der Anglo-Normanne unserer Tage ist ein starkes, eindrucksvolles Pferd von guter Erscheinung. Er hat starke Schultern und eine lange, freie und gerade Aktion. Seine durchschnittliche Größe liegt bei 168 cm, und die häufigsten Farben sind Füchse und Braune.

Anglo-Araber

Der Anglo-Araber entwickelte sich aus der Kreuzung von Arabischem und Englischem Vollblut, wobei jede weitere Blutbeimischung ausgeschlossen blieb. Er wird in vielen Ländern gezüchtet, doch nirgendwo erfolgreicher und konsequenter als in Frankreich. Schon seit der Mitte des 19. Jahrhunderts hatten sich die französischen Nationalgestüte mit seiner Zucht befaßt und in mehr als hundert Jahren die Anlagen dieser Verbindung aus zwei der besten Pferderassen der Welt herausstabilisiert. Der Anglo-Araber ist ein Pferd von großer Qualität, das sich bei allen Arten des Pferdesports behaupten kann.

Anglo-Normanne

Anglo-Araber

Der französische Anglo-Araber muß wenigstens 25 Prozent Araberblut besitzen. Bei dem gebräuchlichsten Zuchtverfahren wird ein reinrassiger Araberhengst mit einem Englischen Vollblut oder einer Anglo-Araber-Stute verpaart. Nun gehen zwar aus der einfachen Kreuzung von Arabern mit Englischem Vollblut Anglo-Araber hervor, dennoch sind die Resultate nicht immer so erfolgreich, wie die aus einer über ein Jahrhundert währenden gezielten Zuchtauslese.

In seiner Erscheinung sollte der Anglo-Araber die Eigenschaften beider Rassen miteinander verbinden, doch schlagen die Erbanlagen des Arabers und des Englischen Vollbluts unterschiedlich durch. So vereint er die Schnelligkeit des letzteren mit der Ausdauer und dem zugänglicheren Temperament des Arabers. Seine Größe liegt im Durchschnitt bei 163 cm, während Braune und Füchse die häufigsten Farben repräsentieren.

Französischer Traber

Als Weltklassetraber führt diese Rasse, wie der amerikanische Standard Bred, eine beträchtliche Menge Englischen Vollbluts, ihr Ursprung ist jedoch vielschichtiger. Er geht auf Normannische Stuten zurück, die nicht nur mit Englischem Vollblut, sondern auch mit Half-Bred-Hengsten und mit Norfolk Roadsters, den Vorläufern des Hackney, gekreuzt wurden. Zwei englische Pferde aus dem frühen 19. Jahrhundert hatten einen besonderen Einfluß auf diese Zucht: *Young Rattler* und *The Heir of Linné.* Ein Großteil der heutigen Traber geht auf fünf Söhne jener beiden Hengste zurück: *Conquérant, Lavater, Normand, Phaeton* und *Fuchsia.*

Obgleich in jüngerer Zeit auch Blut des Standard Breds hinzukam, bleibt der Französische Traber im Typ größer und starkknochiger. Dies kommt ihm insofern zugute, als einige französische Trabrennen unter dem Sattel und nicht vor dem Sulky gelaufen werden. Die Pferde müs-

Französischer Traber

Französische Traber-Stute

sen dann nicht nur schnell sein, sondern auch erhebliche Gewichte über längere Distanzen tragen.
Französische Traber sind zwischen 160 und 165 cm groß. Sie haben die typisch abfallende Kruppe und die harten, starken Beine dieses Pferdetyps.

Französisches Reitpferd

Das Französische Reitpferd ist ein relativ junges Kreuzungsprodukt vor allem aus dem Anglo-Normannen und dem Englischen Vollblut. Seit 1965 hat es seine eigene Sektion in dem Anglo-Normannischen Stutbuch und seine eigenen Hengste. Aufnahme in dieses Stutbuch finden indessen nicht nur die Nachkommen aus der Verbindung zweier Französischer Reitpferde. Auch das Fohlen einer Vollblutstute und eines Reitpferdhengstes, oder umgekehrt, wird als Französisches Reitpferd bezeichnet.

Die Rasse kann gut mit dem englischen Hunter verglichen werden, denn auch hier gibt es Unterschiede in Größe, Gewicht und, bis zu einem gewissen Grad, im Typ selbst. Auch die Anforderungen, die an beide gestellt werden, sind weitgehend dieselben. Als Reitpferde mit besten Eigenschaften müssen bei ihnen gute Manieren und ein ausgeglichenes Temperament mit Ausdauer, schneller Reaktion und Springvermögen gepaart sein. So sind sie gleichermaßen geeignet für die verschiedensten Arten des Pferdesportes wie für den genußreichen Ausritt des weniger ehrgeizigen Reiters.
Wie beim englischen Hunter gibt es Französische Reitpferde für alle Größen und Gewichtsklassen der Reiter. Im Charakter sind es umgängliche, mutige und intelligente Pferde. Farblich überwiegen im Moment die Füchse, doch ist auch jede andere reine Farbe möglich.

Ein schimmelfarbenes
Französisches Reitpferd führt einen
braunen Anglo-Araber.

Camargue-Pferd

Die Herkunft dieses romantischen kleinen Pferdes, bekannt als die »Weißen Pferde des Meeres«, liegt im dunkeln. Manche behaupten, sie seien bodenständig, andere halten sie für Abkömmlinge orientalischer Pferde. Ihre Heimat ist die Camargue, jenes weite, salzige Sumpfland im Rhônedelta, zwischen dem Städtchen Aigue Morte und dem Meer. Hier ernähren sie sich von den harten Sumpfgräsern und besitzen eine unglaubliche Zähigkeit und Härte. Der etwa 134 cm große Camargue ist stark und aktiv, mit hochtrabendem Gang und schnellem Galopp. Auch seine Fähigkeit, blitzschnell zu wenden, ist bemerkenswert. Er eignet sich gut zur Arbeit mit den

Camargue-Pferde in ihrem natürlichen Lebensraum.

schwarzen Stieren, die dort für den Stierkampf gezüchtet werden.
Im Erscheinungsbild des Camargue gibt es eigentlich nichts Außergewöhnliches. Der Kopf erscheint etwas lang und die Schulter wirkt oft zu steil. Doch die Brust ist gut, der Rücken kurz und stark, und die Beine sind fein und gutknochig, mit breiten, harten Hufen. Obwohl die Fohlen gewöhnlich dunkel zur Welt kommen, ist die Farbe der erwachsenen Tiere stets weiß, wobei die Intensität im Alter zunimmt. Gegenwärtig gibt es etwa 30 Herden.

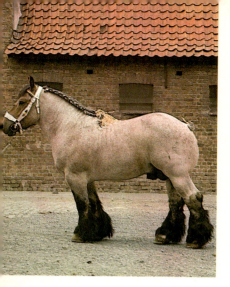

Brabanter

Belgien

Belgisches Zugpferd (Brabanter)

Das schwere Belgische Zugpferd, der Brabanter, wurde Jahrhunderte hindurch selektiv gezüchtet. Auch auf andere schwere Zugpferdrassen, einschließlich des mächtigen englischen Shire, hatte dieses eindrucksvolle Pferd einen sehr großen Einfluß.

Bei einer Größe von 165–170 cm ist der Brabanter ein gewaltiges, schweres Pferd mit außergewöhnlichen Kräften, doch bleibt er bei aller Stärke auch ein schönes Tier. Der Kopf ist relativ leicht und fein modelliert, der Hals kurz und stark. Der Rumpf ist kompakt, und die Beine sind kurz und muskulös, mit üppigem Behang. Der Brabanter ist einsatzwillig und aktiv, gutartig und kühn, und zeichnet sich außerdem durch besonders gute Bewegungen aus. Farblich überwiegen Braun- und Rappschimmel, doch treten gelegentlich auch andere Farben auf.

Niederlande

Gelderländer

Der heutige Gelderländer leitet sich von einer sehr alten Rasse leichter Zugpferde aus der holländischen Provinz Gelderland ab. Im vorigen Jahrhundert wurden für die Zucht von Wagenpferden Hengste verschiedener Rassen eingeführt, darunter Englische Vollblüter, Araber, Holsteiner, Hackneys, Oldenburger und Friesen. Ihre Nachkommen, wenn voneinander auch etwas verschieden, waren gute Pferde im Geschirr und vor der Einführung des Automobils in vielen Ländern in Gebrauch.

In den letzten Jahrzehnten wurden Anglo-Normannen eingekreuzt, und die Züchter richteten ihr Hauptaugenmerk auf eine Festigung des Typs. Der Erfolg blieb nicht aus. Der moderne Gelderländer ist ein starkes, aktives Pferd von erstklassiger Gestalt und Haltung und einer eleganten, energischen Aktion. Von Fahrsportbegeisterten sehr begehrt, gehört er bei Wettbewerben auf internationaler Ebene zu den Besten. Auch als Reitpferd ist diese Rasse gut geeignet, und manche sind ausgesprochene Springpferde. Die durchschnittliche Größe des Gelderländers liegt bei 165 cm. Die Hauptfarben

Gelderländer

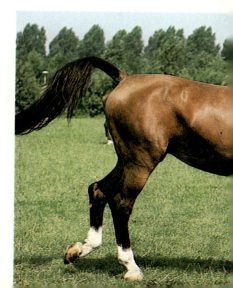

sind Schimmel und Füchse, die letzteren mit reichlich weißen Abzeichen an Kopf und Beinen. Die Rasse ist jetzt soweit gefestigt, daß man zueinander passende Paare oder Gespanne unschwer finden kann. Ein solches Gespann dieser stilvollen Pferde in Aktion zu sehen, ist für Kenner ein aufregendes Erlebnis.

Friese

Der Friese ist eine der ältesten Pferderassen in Europa. Er stammt aus der Provinz Friesland, wo Zugpferde eines bestimmten Typs bereits seit mehr als 900 Jahren existieren. Während des 17. Jahrhunderts war der Friese sowohl als Arbeitspferd in der Landwirtschaft wie auch als lastentragendes Reitpferd weit verbreitet. Neben seiner Kraft und seiner ausgezeichneten, aktiven Gangart wurde der Friese stets wegen seines angenehmen Temperaments und seiner Gutmütigkeit geschätzt. Selbst von Unerfahrenen ist er leicht zu leiten. Wirtschaftlich gesehen, ist das Friesische Pferd ein guter und eifriger Arbeiter, das mit weniger Nahrung auskommt als viele andere Rassen.
Als im 19. Jahrhundert die Trabrennen in Mode kamen, wurde der Friese mit seinem freien, schnellen Trab erfolgreich in

Der Friese ähnelt in vielen Merkmalen den britischen Fell- und Dales Ponys.

dieser Sportart eingesetzt. Dies dürfte die Züchter bewogen haben, einen leichteren und mithin schnelleren Typ zu bevorzugen, was zweifellos zu einer Verschlechterung der Rasse geführt hätte. Glücklicherweise wurden die Weichen beizeiten gestellt: In das 1879 eröffnete Stutbuch finden nur solche Tiere Aufnahme, die neben dem Nachweis ihres Stammbaums auch den hohen Standards in ihrer äußeren Erscheinung genügen. Heute sieht man den Friesen immer noch in der Landwirtschaft, bei fahrsportlichen Ereignissen und die umgänglichen Hengste des öfteren als Zirkuspferde.
Der Friese ist 155–160 cm groß und ein außerordentlich hübsches Pferd. Der fein modellierte Kopf wird hoch getragen; der Körper ist sehr stark und kompakt, mit mächtiger Schulter, guter Rippenwölbung und abfallender Kruppe. Die Beine sind ziemlich kurz und stämmig, mit reichem Kötenbehang, die Hufe hart und breit. Mähne und Schweif sind sehr üppig, der letztere reicht manchmal bis zum Boden. Die Farbe ist immer Schwarz, andere sind nicht zulässig, und selbst weiße Abzeichen sind unerwünscht. Auch die Farbe weist somit auf eine seit langem gefestigte reine Linie in der Zucht dieser stolzen Rasse hin.

Niederländisches Kaltblut

Das Niederländische Kaltblut ist eine der massivsten Pferderassen in Europa und wird in Holland für alle landwirtschaftlichen Arbeiten eingesetzt. Seine Entstehung geht auf die Mitte des vorigen Jahrhunderts zurück, wobei auf Qualität und Reinheit dieser Rasse schon immer streng geachtet wurde. Seit 1925 ist das Stutbuch für Pferde mit unbekanntem Stammbaum geschlossen.
Das Niederländische Kaltblut ist sehr ausgeglichen und einsatzfreudig, dabei aber lebhaft und energisch. Außerdem ist es sehr langlebig und von unglaublicher Ausdauer. Bei einer Größe bis zu 165 cm ist dieses kraftstrotzende, breite und tiefe Pferd gut gebaut. Der Hals ist kurz und der Kopf nicht zu schwer. Der Widerrist ist wenig ausgeprägt, die Schulter mächtig. Der massige, gut gewölbte Rumpf hat viel Gurtentiefe, Lende und Kruppe sind muskelstark. Auch die Beine sind stark bemuskelt, mit guten Hufen. Das Niederländische Kaltblut ist sehr viel beweglicher, als man es bei seinem Gewicht annehmen möchte.
Fuchs, Brauner und Schimmel sind die gewöhnlichen Farben dieser Rasse.

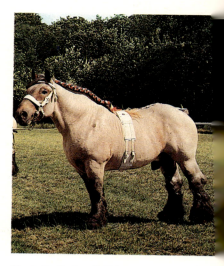

Niederländisches Kaltblut

Groninger

Der Groninger geht auf den deutschen Oldenburger zurück, der seinerseits vom Friesen abstammt. Er wurde als Mehrzweckpferd gezüchtet und eignet sich vorzüglich als Wirtschafts- wie auch als Reit- und leichteres Zugpferd. Er ist von ruhigem Temperament, gehorsam und willig, und auch bei dürftigem Futter in der Lage, hart zu arbeiten – Eigenschaften, die auf seine friesischen Vorfahren zurückgehen. Der Groninger ist 155–163 cm groß, hat einen gefälligen Kopf, tiefen Rumpf mit breiter Brust, starke Schultern und Kruppe sowie kurze, kräftige Beine. Braun, Dunkelbraun und Schwarz sind die häufigsten Farben.
Bei dem wiedererwachten Interesse am Fahrsport könnte auch der Groninger als schnelles Pferd mit stilvollen Aktionen und gesunder Konstitution wieder an Popularität gewinnen.

Jüngere und ältere Groningerstute. Die dunklere wird mit zunehmendem Alter aufhellen.

Trakehner

Deutschland

Trakehner (Ostpreuße)

Ohne Zweifel ist der Trakehner oder Ostpreuße, wie er früher genannt wurde, die beste deutsche Pferderasse. Sein Name geht auf das ostpreußische Hauptgestüt Trakehnen zurück, das 1732 von König Friedrich Wilhelm I. gegründet worden war und dann dem zweiten Weltkrieg zum Opfer fiel. Der König stellte sowohl das Land zur Verfügung als auch den Grundstock für die Zucht, teils aus dem bestehenden Königlichen Gestüt und teils von eingeführten hochklassigen Arabern. Später wurden zunehmend Englische Vollblut-Hengste eingekreuzt, darunter berühmte Derby-Gewinner. Auf Trakehnen wurden die Vierjährigen strengen Prüfungen unterzogen und nur die besten für die Zucht zurückbehalten. Im Verlaufe seiner 250jährigen Geschichte ist die Zucht des Trakehners mit System und großer Sorgfalt betrieben worden, so daß er heute ein Reit- und Sportpferd von höchster Qualität darstellt.

Bei einer Größe von 158–164 cm ist der Trakehner ein sehr schönes und edles Pferd, kraftvoll und energisch, und dabei von angenehmem Wesen, gelehrig und zuverlässig. Seine äußere Erscheinung ist exzellent und entspricht dem Englischen und Arabischen Blut in seinen Adern. Alle reinen und klaren Farben sind vertreten.

Trakehner werden heute in Deutschland vielerorts privat gezüchtet und haben auch die polnische Wielkopolska-Rasse maßgeblich beeinflußt. Außerdem tun sich Trakehner oft als Spitzenpferde in Springturnieren hervor. Weltberühmt war die Stute *Halla,* die unter H. G. Winkler so viele Erfolge erzielte.

Hannoveraner

Hannoveraner sind unter den bekanntesten der deutschen Warmblutrassen und gehen auf das Interesse der Könige von England und Hannover an den Pferden des heimatlichen Hannover zurück. Georg I. ließ viele Englische Vollblut-Hengste mit Stuten verschiedenster Typen kreuzen. Einige von ihnen waren Nachkommen des Großen Deutschen Pferdes des Mittelalters, dem wichtigsten Schlachtroß in der damaligen europäischen Reiterei. Georg II. von England gründete 1735 das Landgestüt Celle, in dem neben Holsteinern auch Vollblut-Hengste gehalten wurden.

Für viele Jahre war es das Ziel des Gestüts, Allzweckpferde zum Reiten, Fahren und als Zugtiere zu züchten. Nach dem zweiten Weltkrieg vollzog sich eine Umstellung der Zucht zum eleganten Reit- und starken Leistungspferd mit Hilfe von Trakehner- und Vollbluthengsten. Heute ist der Hannoveraner ein äußerst erfolgreiches Spitzen-Dressur- und Springpferd.

Er ist zwischen 160 und 170 cm groß und zeichnet sich durch Kraft, Leistungsbereitschaft, Ausgeglichenheit und einwandfreie Manieren aus. Er hat den Mut des Englischen Vollbluts, wenn auch nicht dessen Schnelligkeit. Seine äußere Erscheinung ist sehr gut, wenn sie auch gelegentlich als etwas schlicht beurteilt wird. Alle klaren Farben sind möglich, wobei Braun, Rotbraun und Schwarz vorherrschen.

Hannoveraner sind ausgezeichnete Dressurpferde.

Holsteiner

Als ein Pferd vom Schlag des Hannoveraners, nur etwas schwerer, läßt sich die Geschichte des Holsteiners bis zu den schweren mittelalterlichen Kriegsrössern des 14. Jahrhunderts zurückverfolgen. Durch die Einkreuzung von spanischem und orientalischem Blut ist er leichter geworden. Seit dem 19. Jahrhundert führt der Holsteiner vermehrt englisches Halb- und Vollblut, so daß er sich zu einem hervorragenden Allzweckpferd mit bedeutenden Erfolgen im internationalen Reit- und Fahrsport entwickeln konnte. Zur Erhaltung seines speziellen Warmbluttyps ist die weitere Zufuhr von Englischem Vollblut nunmehr eingestellt worden.

Der Holsteiner wird vornehmlich im Gebiet von Elmshorn im Holsteinischen gezüchtet. Bei einer Größe von 160–170 cm ist er sehr kräftig gebaut, mit guten Schultern, kompaktem, gut gewölbtem Rumpf mit viel Gurtentiefe und starker Kruppe. Die Beine sind kurz und starkknochig. Der Holsteiner ist willig und sehr vielseitig, nervenstark und intelligent. Seine häufigsten Farben sind Braun, Dunkelbraun und Schwarz.

Der große deutsche Springreiter Hans Günter Winkler auf einem Holsteiner bei den Olympischen Spielen 1976 in Montreal.

Holsteiner

Oldenburger

Der Oldenburger ist die schwerste deutsche Warmblutrasse. Sie geht bis in das 17. Jahrhundert zurück und wurde aus dem schweren Friesen als starkes Wagenpferd entwickelt. Zunächst kreuzte man spanisches und orientalisches Blut ein, und im 19. Jahrhundert wurde der Typ mit Hilfe von Vollblut-, Cleveland Bay-, Anglo-Normanner- und Hannoveraner-Hengsten gefestigt. Als in der ersten Hälfte dieses Jahrhunderts der Bedarf an Wagenpferden zurückging, wurde der Oldenburger durch verstärkte Einschaltung von Vollblut auf den Typ eines modernen, kräftigen Reit- und Sportpferdes umgestellt.

Der Oldenburger ist nicht nur das schwerste deutsche Warmblutpferd, sondern mit 165 cm auch eines der größten. Trotz seiner Größe bleibt er ein kompaktes Pferd, mit kurzen, starkknochigen Beinen. Er besitzt viel Gurtentiefe und einen auffallend starken Rücken, und von seinen kaltblütigen Vorfahren hat er den Vorzug einer frühen Reife geerbt. Im Charakter ist er zuverlässig und gutartig, aber auch kühn. Rappen, Dunkelbraune, Füchse und Schimmel sind die gewöhnlichen Farben.

Heute genießt der Oldenburger eine neu entdeckte Popularität als Wagenpferd, wenn auch mit sportlichem Hintergrund, womit sich der Kreis seiner Verwendung wieder geschlossen hat.

Oldenburger bei einem Fahrwettbewerb.

Württemberger

Die Geschichte des Württembergers reicht bis in das 16. Jahrhundert zurück, als einheimische Stuten unterschiedlichen Typs mit Araberhengsten gekreuzt wurden. Später waren noch Trakehner sowie Normannen, Oldenburger und Nonius beteiligt, so daß sich allmählich ein anspruchsloses, nützliches Allzweckpferd für die Landwirtschaft im Württemberger Raum herauskristallisierte. Ein Stutbuch wurde 1895 eröffnet, nachdem sich die Rasse, vor allem durch den Einfluß des 1886 geborenen Anglo-Normanner-Hengstes *Faust*, gefestigt hatte.

Mit Hilfe von Trakehner-Hengsten wurde der Württemberger nach dem zweiten Weltkrieg auf einen edlen, mittelgroßen (um 163 cm) und starken Pferdetyp umgestellt. Dieser mittelschwere Warmblüter, der gleichermaßen zum Reiten wie zum Fahren geeignet ist, hat eine gute Gestalt, mit ausdrucksvollem Kopf, breiter Brust und starkknochigen Beinen. Insgesamt ist es ein robustes Pferd mit viel Stehvermögen, das als Rappe, Brauner und Fuchs bekannt ist.

Der Württemberger wird als gutes Reitpferd geschätzt.

Schleswiger

Schleswiger (Nordschleswiger)

Die Vorfahren dieser Rasse dienten im Mittelalter den schwergerüsteten Rittern als Reitpferde, Schleswig war ehemals eine Provinz von Dänemark, so daß der große Anteil des schweren Jütländers in den Blutlinien des Schleswigers verständlich wird. Später kamen Spuren von Englischen Vollblütern und Cleveland Bays dazu, um die Tiere als Artillerie- sowie als Arbeitspferde für die Landwirtschaft wendiger zu machen. Auch als Zugtier vor Busse und Pferdebahnen gespannt, tat der Schleswiger seine Dienste. Nach dem zweiten Weltkrieg wurden schließlich noch einige Bretonen und Boulonnais-Pferde eingekreuzt.

Heutzutage ist der Schleswiger ein mittelgroßes, kompaktes und gedrungenes Pferd, ein williger Arbeiter mit friedlichem Charakter. Er ist 155–163 cm groß und tritt fast immer als Fuchs auf, selten als Schimmel oder Dunkelbrauner.

Rheinisch-Deutsches Kaltblut

Diese Rasse führt ihren Namen nach dem Entstehungsgebiet, dem Rheinland, wo sie im vorigen Jahrhundert mit Hilfe von belgischen Brabanterhengsten entwickelt wurde, um einer Nachfrage nach schweren Zugpferden zu entsprechen. Das Rheinisch-Deutsche Kaltblut ist ein großes Pferd von enormer Kraft, das für seine frühe Reife und seine Genügsamkeit bekannt ist.

Bei einer Größe von 163–170 cm ist es

Rheinisch-Deutsche Kaltblüter in einem Festzug.

massig gebaut, mit muskulösen Schultern und Kruppe, stämmigem Körper mit breitem Rücken und kurzen, stark bemuskelten Beinen mit mäßigem Behang; häufig als Brauner und Braun- oder Fuchsschimmel auftretend. Diese gutmütige Rasse, die noch in Westfalen gezüchtet wird, ist heute fast ausgestorben.

Schweiz
Einsiedler

Die Benediktiner-Abtei Einsiedeln bei Zürich hat über tausend Jahre lang Pferdezucht betrieben. Seit die Mönche im Jahre 934 das Kloster gründeten, erfuhren die Pferde in ihrem Typ bis heute manche Veränderung. Zunächst trugen sie den Abt auf seinen Reisen, arbeiteten auf den Ländereien des Klosters und dienten als generelles Transportmittel. Schon damals waren es gute und starke Tiere, die besonders in Norditalien sehr begehrt und unter dem Namen »Cavalli della Madonna« bekannt waren.

Im vorigen Jahrhundert nahmen einige importierte Hengste großen Einfluß auf die Entwicklung der Rasse, darunter der Hengst *Bracken* aus Yorkshire, der vermutlich ein Cleveland Bay war, zwei Anglo-Normannen namens *Corail* und *Egalité* sowie ein englischer Hackney, *Thirtleby Saxonia*. Heute gehen alle Stutenfamilien in Einsiedeln auf den einen oder anderen dieser Hengste zurück. Stutbücher wurden 1840 und 1895 angelegt.

Einsiedler-Stute mit ihrem Fohlen auf dem Gelände des Klosters Einsiedeln.

Freiberger

Freiberger

Der Einsiedler ist ein Pferd mittlerer Größe (durchschnittlich 158 cm), kräftig gebaut, mit starken Schultern, tiefem Rumpf und kräftiger Hinterhand. Seine Bewegungen sind frei und gerade. Er erreicht ein Lebensalter von durchschnittlich 18 Jahren und ist sehr abgehärtet. Die jungen Pferde verbringen den Sommer auf hochgelegenen Bergweiden. Im Winter sind sie im Klostergelände, tagsüber im Freien, so tief der Schnee auch sein mag. Als ein sehr vielseitiges Pferd geht der Einsiedler im Geschirr, arbeitet in der Landwirtschaft und kann als exzellentes Reittier auch im Spring- und Turniersport eingesetzt werden. Im Charakter ist er außerordentlich freundlich, gehorsam und aufmerksam, vielleicht hervorgerufen durch das Verständnis und die Sympathie, die man ihm seit langen Zeiten entgegenbringt. Der Einsiedler tritt in allen Grundfarben auf, doch sind Dunkelbraune und Füchse am häufigsten.

Der Freiberger ist ein kräftiges Zugpferd aus dem Schweizer Jura. Er entstand etwa vor hundert Jahren, als Anglo-Normanner-Hengste eingeführt und mit einheimischen Stuten gekreuzt wurden. Während anfangs noch etwas Ardennerblut an der Rasse beteiligt war, blieb sie später rein und im Typ weitgehend konstant.
Der Freiberger ist sehr trittsicher, ausdauernd und genügsam, so daß er für die Arbeit vor allem auf kleineren und mittleren Bauernhöfen im Bergland hervorragend geeignet ist. Er hat bei einer Größe von 150–158 cm einen kompakten, kräftigen Körper auf kurzen, trockenen und kräftigen Beinen, mit guten Knochen und kurzen Fesseln. Auch seine Hufe sind hart und gut geformt. Im Charakter ist der Freiberger aufgeweckt und willig, und sein stets freundliches Temperament sichert ihm trotz Mechanisierung einen festen Platz im landwirtschaftlichen Betrieb.

Altér Real

Portugal
Altér Real

Diese edle Rasse hat eine wechselvolle Geschichte. Sie geht auf 300 andalusische Stuten aus der Region um Jérez zurück, mit denen um die Mitte des 18. Jahrhunderts ein Nationalgestüt bei Vila de Portel in der Provinz Alentejo gegründet worden war. Die hervorragende Eignung des Altér Real für die Lektionen der klassischen Reitkunst förderte die Nachfrage und ließ die Rasse in der Folgezeit mächtig aufblühen. Der Einmarsch Napoleons brachte ein jähes Ende: Das Gestüt wurde geplündert und die Pferde in alle Winde zerstreut. Die wenigen noch verbliebenen Altérs wurden in den folgenden Jahren wahllos mit Arabern, Englischen Vollblütern, Hannoveranern und Normannen vermischt, so daß die Rasse fast erloschen war. Erst mit Beginn dieses Jahrhunderts konnte durch erneute Einkreuzung andalusischen Blutes und strengste Zuchtwahl die hohe Qualität des Altér wieder erreicht werden.

Es spricht für die Rasse des Altér Real, daß er diese Wechselfälle überlebt hat und heute ein Reitpferd von großer Klasse darstellt, mit einem ausgeprägten Talent für die Hohe Schule. Sein nervöses Temperament erfordert indessen eine vorsichtige Behandlung.

Der Altér ist 153–160 cm groß und kompakt gebaut, mit elegantem, hoch getragenem Kopf und von exzellenter Gestalt. Auch seine Aktion ist von großer Würde.

Lusitaner mit seinem Rejoneador beim Stierkampf.

Lusitaner

Der Lusitaner ähnelt sehr dem Andalusier, von dem er sich auch mit gelegentlichen Beimischungen orientalischen Blutes ableitet. Er ist ein sehr intelligentes, lebhaftes Pferd von außerordentlichem Mut, das deshalb früher als vorzügliches Kavalleriepferd geschätzt war. Heute wird es viel im Stierkampf verwendet, der in Portugal anders abläuft als im benachbarten Spanien.

Die portugiesischen Stierkämpfer, Rejoneadores genannt, sind beritten und kämpfen nur vom Pferd aus. Da es eine Schande für das Pferd ist, wenn es von einem Stier berührt wird, muß der Rejoneador ein äußerst gewandter Reiter und sein Lusitaner hochtrainiert sein: Viele Übungen aus der Hohen Schule finden hier eine praktische Anwendung. Anders als die bedauernswerten Geschöpfe der spanischen Picadores ist das Pferd des Rejoneadors ein hochgeschätztes und wertvolles Tier.

Der Lusitaner ist um 153 cm groß. Sein Kopf ist klein und gut modelliert, der Hals muskulös und sitzt auf hervorragenden Schultern; die Kruppe ist stark bemuskelt. Obwohl Schimmel überwiegen, sind auch alle anderen klaren Farben möglich.

Spanien
Andalusier

Diese berühmte Rasse reicht zurück bis zu dem Einfall der Mauren in Spanien. Sie brachten aus Nordafrika zahlreiche Pferde mit, vorwiegend Berber, die mit den einheimischen spanischen Pferden gekreuzt wurden. Das Ergebnis dieser Blutsvermischung war ein Pferd, das für Jahrhunderte die Nummer eins unter den Reitpferden Europas wurde. Als solches hat es viele andere europäische Rassen beeinflußt, besonders den Lipizzaner.

Die ernsthaftesten Züchter des Anadalusiers waren die Kartäusermönche des 15. Jahrhunderts. Mit viel Sachverstand, Hingabe und reichlichen finanziellen Mitteln widmeten sie sich in ihren Klöstern in Jérez, Sevilla und Cazallo dieser Rasse und ihrer absoluten Reinzucht. In der Region Jérez wird der Andalusier bis zum heutigen Tag gezüchtet, vor allem im Gestüt Terry.

Bei einer Größe um 163 cm ist der Andalusier eine äußerst stattliche Erscheinung. Der mittelgroße Kopf, mit geradem Profil, sitzt auf hoch getragenem, kräftigem Hals; die Schultern sind stark und gut geformt. Der Rumpf ist elegant proportioniert, die Beine sind kräftig und trocken. Mähne und Schweif sind üppig. Seine Aktion ist auffallend und seine Haltung stolz. Für ein Pferd dieser Qualität hat der Andalusier einen ungewöhnlich gutmütigen Charakter. Seine Farben sind Braun, Dunkelbraun und Schwarz, überwiegend aber Schimmel.

Andalusier im Gestüt Terry.

Mausfalbes Sorraia-Pony

Sorraia-Pony

Das einzige bodenständige Pony Spaniens stammt aus dem Westen des Landes, einer Region an der Grenze nach Portugal, die vom Sorraia und seinen Nebenflüssen entwässert wird. Es handelt sich hier um einen echten ursprünglichen Typ, der Merkmale des Tarpans und des Asiatischen Wildpferdes aufweist. Seine Farbe ist gewöhnlich gelbfalb, mit Aalstrich und einem Zebramuster an den Beinen. Der Kopf ist eher groß, mit geradem oder leicht konvexem Profil, die Ohren sind lang, mit schwarzer Spitze. Die Schulter ist ziemlich gerade und die Kruppe nur schwach entwickelt. Die Beine sind lang, ohne viel Knochen.
Sorraia-Ponys sind sehr unempfindlich. Ein nur sehr karges Nahrungsangebot überstehen sie ebenso wie extreme Klimabedingungen. Während die Ponys früher in der Landwirtschaft verwendet wurden, ist ihre Zahl nach der Mechanisierung stark zurückgegangen. Außerdem neigt die Rasse zur Degeneration, da sich die Tiere bei ihrer halbwilden Lebensweise wahllos vermischen. Es wäre bedauerlich, wenn das Sorraia-Pony auf diese Weise verschwinden würde. Bei dem wachsenden Interesse, das den Ponys in Europa entgegengebracht wird, wäre es allerdings denkbar, daß Schritte zur Wiederbelebung und Verbesserung auch dieser Rasse unternommen werden.

Italienisches Kaltblut

Italien

Italienisches Kaltblut

Dieses sehr gut aussehende, mittelgroße Zugpferd wird in den landwirtschaftlichen Betrieben Nord- und Mittelitaliens sehr geschätzt. Es stammt vom Bretonen ab und ist wie dieser im wesentlichen ein gedrungener cob-ähnlicher Typ.

Bei einer Größe von 153–163 cm hat das Italienische Kaltblut eine kraftvolle Schulter, viel Gurtentiefe und einen robusten Rumpf mit runder, mächtiger Kruppe. Der Kopf, auf kurzem, starkem Hals, ist für ein Kaltblut sehr gut modelliert. Seine charakteristische Farbe ist Dunkelfuchs mit blonder oder auch fuchsfarbener Mähne und Schweif, doch kommen auch Füchse vor. Wie die meisten Cobs ist es einsatzwillig, eifrig und dabei freundlich, wird aber bedauerlicherweise, wie heute so viele Kaltblüter, in erster Linie für das Schlachthaus gezüchtet.

Ungarn
Nonius

Diese Rasse entstand in dem ungarischen Staatsgestüt Mezöhegyes. Den Namen hat sie von ihrem Stammvater, dem 1810 geborenen französischen Hengst *Nonius,* Sohn eines Normanner-Hengstes und einer englischen Halbblutstute. *Nonius* wurde während der Napoleonischen Kriege von den Ungarn erbeutet, kam nach Mezöhegyes und zeugte hier unter anderem 15 hervorragende Hengste mit den verschiedensten Stuten: Arabischen, Holsteinischen, Lipizzaner und Anglo-Normannen. Durch Nonius und seine männlichen Nachkommen wurde die Rasse allmählich gefestigt und ist heute für die Erzeugung guter und sehr harter Kutsch- und Reitpferde bekannt.

Die Typenvielfalt der Stammütter brachte es mit sich, daß der Nonius in der Größe variiert; der Durchschnitt liegt bei 164 cm. Es sind jedoch alles zähe, kompakte Pferde, mit viel Substanz für ihre Größe und guten Knochen, und mit einem feinen Kopf auf langem, kräftigem Hals. Sie sind Spätentwickler und haben ein ausgezeichnetes Temperament: ruhig, willig und ausgeglichen. Die gewöhnlichen Farben sind Schwarz, Braun und Dunkelbraun.

Nonius-Hengst.

Furioso-Northstar

Wie der Nonius trägt auch diese Rasse den Namen ihrer – in diesem Falle – beiden Stammväter: dem 1836 geborenen Englischen Vollblut *Furioso* und dem 1844 geborenen Norfolk Trotter *North Star*. Beide Hengste wurden im Staatsgestüt Mezöhegyes mit ungarischen Nonius-Stuten gekreuzt. Weitere Vollbluteinflüsse haben aus dem vielseitigen Gebrauchspferd ein Sportpferd entwickelt, das heute in allen Disziplinen ein hohes Niveau vertritt.

Der Furioso ist im Durchschnitt 163 cm groß und von schöner Gestalt, mit edlem Kopf, langem, kräftigem Rücken und muskulöser, abfallender Kruppe; Beine stark und trocken, mit kurzen Fesseln. Die üblichen Farben sind Schwarz und Braun.

Muraközer Pferd

Der Muraközer ist ein Zugpferd, das ursprünglich längs des südungarischen Flusses Mura gezüchtet wurde, später auch in Polen und in der Tschechoslowakei. Es wurde in diesem Jahrhundert durch Kreuzung einheimischer Stuten mit Percheron-, Ardenner- und Norikerhengsten entwickelt. Die Rasse ist jetzt gefestigt und war in den frühen zwanziger Jahren so populär, daß sie ein Fünftel aller Pferde in Ungarn stellte. Im zweiten Weltkrieg erlitt auch der Muraközer schwere Verluste, die er bis heute noch nicht wieder völlig ausgleichen konnte.

Bei einer Größe von durchschnittlich 160 cm ist der Muraközer ein gutaussehendes, schnellgehendes Kaltblut von Qualität. Er hat einen gut modellierten Kopf mit zierlichen Ohren, kraftvollen Schultern und Kruppe sowie wenig Widerrist mit viel Gurtentiefe. Er steht auf kurzen, muskulösen Beinen, mit mäßigem Behang. Die Rasse ist als umgänglich, eifrig und einsatzwillig bekannt, doch geht ihre Bedeutung als Arbeitspferd immer mehr zurück. Die häufigsten Farben sind Fuchs, mit flachsfarbener Mähne und Schweif, und Brauner, seltener Schimmel.

Furioso-Northstar

Muraközer Pferd

Österreich

Haflinger

Der Haflinger ist ein ausdauerndes Gebirgspony aus Tirol. Seinen Namen hat er von dem Städtchen Hafling (das heute zu Norditalien gehört), im Zentrum jenes Gebietes gelegen, in dem diese Ponys gezüchtet werden. Die Rasse geht einerseits auf Araber und andererseits auf verschiedene Kaltblüter zurück. Durch diese Kombination eignet sich der Haflinger ideal als leichtes Zug- wie auch als Reitpferd. Seine außerordentliche Trittsicherheit und sein anpassungsfähiger und gefügiger Charakter machen ihn zu einem ausgezeichneten Pony für Kinder und Anfänger. Auch als Freizeitpferd sowie für Pony-Trekking ist er sehr beliebt.
Die Zucht des Haflingers ist in Österreich weit verbreitet, doch dürfen von privater Seite nur Stuten und natürlich Wallache gehalten werden. Die Hengste sind alle in staatlichem Besitz und stehen in entsprechenden Gestüten. Hengstfohlen unterliegen einer strengen Auslese, und nur wenige von ihnen werden später als Zuchthengste zugelassen. Heute wird das Pony in noch mehr als einem Dutzend anderer Länder gezüchtet, darunter in Deutschland, Holland, Frankreich, England und der Schweiz.
Die Größe des Haflingers sollte 143 cm nicht übersteigen. Er ist von kräftiger Gestalt und für seine Größe ungewöhnlich stark. Er hat jedoch einen guten Hals mit einer entsprechenden Zügellänge. Außer Fuchs, mit flachsfarbener Mähne und Schweif, kommen andere Farben nur selten vor.

Noriker (Pinzgauer)

Der Name dieser Rasse bezieht sich auf die alte Provinz Noricum, die etwa dem heutigen Österreich entsprach. Der Noriker ist auch unter der Bezeichnung Süddeutsches Kaltblut bekannt und wird in Süddeutschland ebenso wie in Österreich gezüchtet. Die Vorfahren dieser Rasse waren vermutlich Haflinger. Doch während diese zu den Ponys zählen, hat der Noriker durch die Einkreuzung von andalusischem und neapolitanischem Blut Pferdegröße erreicht. Der Pinzgauer, eine gefleckte, ehemals eigene Rasse ähnlichen Typs, ist im Noriker aufgegangen.
Heutzutage wird der Noriker in den Gebirgsgegenden Österreichs und Süddeutschlands in der Landwirtschaft noch immer als ein trittsicheres und aktives leichtes Zugpferd eingesetzt. Durch eine sorgfältige Auswahl der Zuchthengste wird die Rasse auf einem hohen Standard gehalten. Um sich für die Zucht zu qualifizieren, müssen die jungen Hengste Prüfungen ihrer körperlichen Belastbarkeit sowie im Gehen und Traben bestehen.
Der Noriker ist um 160 cm groß und hat einen ziemlich schweren Kopf auf kurzem, starkem Hals. Er hat eine breite Brust, einen langen, breiten Rücken und mittellange, starke Beine. Sein Temperament ist gut, und er ist ein williger Arbeiter. In der Farbe überwiegen Brauner und Fuchs.

Noriker

Eine Herde von Haflinger Stuten und Fohlen grasen auf dem Gelände des Gestüts Vanlay in Österreich.

Schönheit und Intelligenz vereinen sich in dem flachsfarben bemähnten Kopf des Haflingers.

Lipizzaner

Diese Rasse, weltweit bekannt durch die berühmte Spanische Reitschule in Wien, hat ihren Namen von dem 1580 gegründeten Gestüt Lipizza, wo sie zuerst gezüchtet wurde. Sie läßt sich indessen noch weiter, bis in die sechziger Jahre desselben Jahrhunderts zurückverfolgen, als Pferde für die Staatskarossen nach Österreich geholt wurden. Diese großen, später als Kladruber bekannten Tiere waren eine Mischung aus andalusischem und neapolitanischem Blut. Der leichtere, kleinere und elegantere Lipizzaner wurde aus Kreuzungen zwischen dem Kladruber, kleinen Pferden aus Norditalien und Arabern entwickelt.

Die Lipizzaner der Spanischen Reitschule werden in dem berühmten österreichischen Gestüt Piber gezüchtet, ausgehend von sechs Stammhengsten verschiedener Blutlinien, von denen jede getrennt weitergeführt wird. Außer erstklassigen Dressurpferden, mit einer jetzt vielleicht schon erblichen Begabung für die Hohe Schule, sind die Lipizzaner ausgezeichnete Reitpferde und gehen gut im Geschirr. Sie haben eine große Ausstrahlung, sind intelligent und von feurigem, gleichwohl aber gehorsamen Temperament. Sie brauchen ihre Zeit, um aufzuwachsen und sind deshalb langlebig; manche arbeiten länger als 20 Jahre.

Bei einer Größe von durchschnittlich 155 cm, verbinden sich in der Gestalt des Lipizzaners Kraft und Anmut. Sein gut modellierter Kopf mit weit auseinanderliegenden, großen, intelligenten Augen verrät arabische Abkunft. Hals und Schultern sind stark, die Kruppe gut bemuskelt und die Beine kräftig, mit guten Knochen. Die Farben sind überwiegend Schimmel, manchmal Brauner oder Dunkelbrauner, selten Rappe. Fohlen von weißen Eltern werden als Braune oder Rappen geboren und mit zunehmendem Alter heller.

Lipizzaner Stuten und Fohlen auf dem Gelände des Gestüts Piber in Österreich.

Kladruber

Tschechoslowakei

Kladruber

Kaiser Maximilian II. brachte um die Mitte des 16. Jahrhunderts als erster Pferde nach Kladrub, die sowohl andalusisches wie auch neapolitanisches Blut führten. Im Jahre 1579 gründete Kaiser Rudolf II. dann das Hofgestüt Kladrub, um elegante Reit- und Kutschpferde, die als Kladruber bekannt geworden sind, zu züchten. Zu jener Zeit hatten die Pferde ungewöhnliche Modefarben: Schecken, Falben oder sogar gefleckt. Als später das höfische Zeremoniell förmlicher wurde, gab man Schimmel und Rappen den Vorzug. Seitdem sind dies die beiden charakteristischen Farben des Kladrubers. Ihre Zucht wird heute in zwei getrennten Gestüten weitergeführt: Rappen in Slatinany, Schimmel in Kladrub.

Das Gestüt Kladrub, 75 km östlich von Prag, besteht nunmehr seit 400 Jahren, mit einer Unterbrechung während des Siebenjährigen Krieges. 1770 wurde es von Kaiser Franz Josef wiederhergestellt und die Rasse, die durch Inzucht etwas gelitten hatte, durch Hinzuziehung von Lipizzaner Stuten sowie von Pferden mit spanischem Blut wieder verbessert.

Heute ist der Kladruber kleiner und aktiver als die Kutschpferde von einstmals, die nicht selten bis 180 cm erreichen konnten. Bei einer Größe von durchschnittlich 168 cm hat er eine eindrucksvolle Gestalt und eine hohe Knieaktion beim Trab. Der Kopf ist wohlgeformt, mit großen, klaren Augen, der Hals kräftig. Der Widerrist ist nicht betont, so daß der Hals in eine elegante Rückenlinie des eher leicht gebauten Körpers übergeht. Der Schweif ist hoch angesetzt, die Kruppe stark, und die Fesseln sind kurz, mit guten Knochen. Obwohl im wesentlichen ein Wagenpferd, wird der Kladruber auch zur Erzeugung guter mischrassiger Reitpferde verwendet.

Polen

Wielkopolski

Wielkopolski

Zwei getrennte Rassen wurden unter der Bezeichnung Wielkopolski zusammengefaßt: das Posener Pferd und der Masure. Das Posener Pferd führt Blut des Arabers, des Englischen Vollbluts und des Hannoveraners, während der Masure auf den Trakehner zurückgeht. Der Wielkopolski von heute ist aus diesen vier Blutlinien entwickelt worden und wird hauptsächlich im Gestüt Racot gezüchtet.
Es gibt indessen bei Pferden, die in anderen Gegenden gezüchtet werden, regionale Abweichungen im Typ. Wenngleich auch der Name Wielkopolski eine bestimmte Rasse bezeichnet, wird er dennoch für alle polnischen Warmblutpferde gebraucht, einschließlich einer unlängst entwickelten Rasse, dem Malapolski. Dieser ist ähnlich, aber leichter, und wird im südwestlichen Polen gezüchtet.
Der Wielkopolski ist um 166 cm groß und von guter Gestalt, wobei er einige der besten Eigenschaften jener Rassen, auf die er zurückgeht, in sich vereinigt. Sein feiner Kopf sitzt auf schlankem, wohlgeformtem Hals; er hat gute Schultern, viel Gurtentiefe, eine gut bemuskelte Kruppe und starke Beine mit kurzen Fesseln und guten Knochen, die ihn als hervorragendes Reitpferd auszeichnen. Außerdem verfügt der Wielkopolski über eine gesunde Konstitution, er hat ein freundliches Wesen und auffallend gute Bewegungen. Jede klare Farbe ist möglich.

Konik

Der Konik ähnelt dem Huzulen und soll wie dieser vom Tarpan abstammen. Spritzern von Araberblut verdankt er indessen seine bessere Gestalt. In der Landwirtschaft in Polen und in den Nachbarstaaten, wohin er exportiert wird, verwendet man den Konik gerne als Arbeitspony. Er wird deshalb in zwei Staatsgestüten sowie von vielen Kleinbauern für den eigenen Bedarf gezüchtet. Ein wenig größer als der Huzule, mißt der Konik etwa 134 cm. Er ist zäh, kräftig, dabei leistungsfähig und willig sowie genügsam im Futter. Seine Farbe ist Falb in allen Schattierungen.

Konik

Huzule

Der Huzule ist eine der wenigen Rassen bodenständiger Ponys, die es in Europa noch gibt, und dazu eine der ältesten. Er kommt aus den Karpaten, wo seine Herden seit Jahrtausenden heimisch sind. Er ist vermutlich ein direkter Nachfahre des Tarpans, dem er mehr ähnelt als jedes andere heimische Pony. Im vorigen Jahrhundert führte man dem Huzule eine Menge Araberblut zu, um die Rasse zu verbessern. Sie wird in verschiedenen Gestüten, vor allem in Siary, in der Nähe von Gorlice, sorgfältig gezüchtet.

Der Huzule ist sehr hart und ein vorzügliches Trag- und Zugtier, das von den Bergbauern der Karpaten allgemein verwendet wird. Seine Größe liegt zwischen 123 und 134 cm, er hat einen bezeichnenden kurzen Kopf, einen nicht sehr guten Rücken und niedrig angesetzten Schweif. Er ist sehr trittsicher, ausdauernd und willig, und die vorherrschenden Farben sind Brauner und Falbe.

Huzule

Sowjetunion
Achal Tekkiner

Der Achal Tekkiner ist eine der ältesten und schönsten Pferderassen und der beste Schlag der alten turkmenischen Pferde, die vor 2500 Jahren die bevorzugten Reittiere der östlichen Krieger gewesen sind. Er wurde schon vor undenklichen Zeiten in den Oasen der turkmenischen Wüste gezüchtet. Die Achal Tekkiner wurden von den nomadischen Wüstenstämmen geradezu verehrt, in Decken gehüllt und mit einem besonderen Kraftfutter, dem sogar Hammelfett beigemischt war, ernährt.

Die extremen Witterungsbedingungen, unter denen die Pferde in den zentralasiatischen Wüsten gezüchtet werden, haben sie überaus widerstandsfähig gegenüber Hitze und Kälte gemacht. An dem berühmten Ritt von Aschchabad nach Moskau im Jahre 1935, der über eine Entfernung von rund 4000 km ging, nahmen auch Achal Tekkiner teil. Sie durchquerten dabei die Karakum-Wüste, eine Strecke von 370 km, in 3 Tagen.

Die durchschnittliche Größe des Achal Tekkiners liegt bei 145–155 cm, und seine Gestalt wirkt graziös und elegant. Der Kopf ist fein, mit großen, ausdrucksvollen Augen; Hals und Körper sind lang, schlank und drahtig, mit sehr guten Schultern und abfallender Kruppe, die langen Beine hart und sehnig. Mähne und Schweif sind spärlich und sehr seidig. In seiner ganzen auf Schnelligkeit entwickelten Gestalt erinnert dieses prächtige Reitpferd an einen Windhund. Goldfarbene Achal Tekkiner sind am meisten begehrt.

Das Fell des Achal Tekkiners hat meist einen ausgeprägten Metallschimmer.

Don-Pferd

Don-Pferd

Seit dem 18. Jahrhundert war das Don-Pferd das Reittier der Kosaken. Auch beim Rückzug der geschlagenen Armee Napoleons aus Rußland im kalten Winter 1812 spielten diese drahtigen Pferde eine große Rolle. Mit ihnen wurden die Franzosen immer wieder angegriffen und weit über die Grenze nach Westen verfolgt. Und danach marschierten die kleinen Kosakenpferde quer durch Europa wieder in die Heimat zurück. Die Rasse führt heute auch Turkmenen- und Karabakhblut, nachdem man Hengste bei den Don-Herden in der Steppe ausgesetzt hatte. Zu einer wesentlichen Verbesserung führte im 19. Jahrhundert schließlich die Einkreuzung von Vollbluthengsten, das Don-Pferd wurde größer und edler im Körperbau.

Seit Jahrhunderten lebte der Don, von Menschen kaum berührt, in den zentralasiatischen Steppen, wo ihn der unerbittliche Kampf ums Überleben geprägt hat. Auch heute noch wird dieses Pferd von ungewöhnlicher Härte und Ausdauer dort angetroffen.

Als Reitpferd genießt der Don einen erstklassigen Ruf. Bei einer Größe von 160–163 cm hat er eine kräftige, drahtige Gestalt, mit einem edlen Kopf im Vollblut-Typ. In seiner schlanken, eleganten Erscheinung erinnert er an seine orientalischen Vorfahren. Auch deren Goldschimmer findet sich bei manchen der meist fuchsfarbenen Don-Pferde wieder.

Budyonny

Kabardiner

Diese Rasse kleiner Bergpferde entstand vor etwa 400 Jahren im Kaukasus, als einheimische Mongolenstuten mit Arabern und Turkmenen veredelt wurden. Der Kabardiner ist robust, wie alle Bergrassen außerordentlich trittsicher und intelligent. Auch sein Orientierungsvermögen ist sehr ausgeprägt, ein Vorteil beim Begehen der schwierigen Bergpfade seiner Heimat. Schließlich werden seine Kraft und Ausdauer auf langen Ritten geschätzt und die Pferde lokal auch zu Rennen und für andere Sportarten verwendet.
Der Kabardiner ist 145–154 cm groß, hat sehr harte Beine und Hufe sowie einen kräftigen Rumpf mit guter Vorhand. Die gewöhnlichen Farben sind Braun und Schwarz.

Budyonny

Diese Rasse erhielt ihren Namen von Marschall Budyonny, einem russischen Kavallerieoffizier, der sie nach dem ersten Weltkrieg im Armeegestüt bei Rostow entwickelte. Der Budyonny war als erstklassiges Pferd für die russische Kavallerie bestimmt.
Das Zuchtprogramm bestand aus der Kreuzung von Donstuten mit Vollbluthengsten, wobei nur die Besten der Nachkommen zur Weiterzucht verwendet wurden. Das Ergebnis ist ein ausgezeichnetes Reitpferd, mit sensiblem Temperament und dabei ausdauernd, robust und schnell. Wegen seiner Vielseitigkeit wird es heute für Hindernisrennen und sämtliche Reitsportarten verwendet.
Bei einer Größe von 160–163 cm hat der Budyonny eine gute Gestalt. Er hat eine starke Schulter und Kruppe, viel Gurtentiefe, lange, schlanke Beine mit sehr guten Knochen und einem edlen Kopf auf schlankem, wohlgeformtem Hals. Füchse, oft mit Goldschimmer, sind die vorherrschende Farbe, doch gibt es auch Braune und Rappen.

Kabardiner

Karabaier

Der Karabaier stammt aus dem zentralasiatischen Usbekistan, einer Region, die seit mehr als 2000 Jahren für die Qualität ihrer Pferde bekannt ist. Die Anfänge dieser Rasse liegen im dunkeln, dürften jedoch auf eine Mischung von mongolischem mit arabischem Blut zurückgehen. Der Karabaier ist ein erstklassiger Pferdetyp: aufgeweckt, von ungewöhnlicher Ausdauer, stark und gelehrig.
Er ist auch das ideale Pferd für die beliebten Reiterspiele dieser Gegend, bei denen eine ausgestopfte Ziege von einem Reiter ins Ziel gebracht werden muß, während die anderen Reiter versuchen, die Beute abzujagen.
Der Karabaier ist zwischen 147 und 152 cm groß und erinnert gestaltlich an einen Araber, ist jedoch derber im Typ. Braune, Füchse und Schimmel sind die üblichen Farben.

Karabaier

Orlow Traber

Der berühmte Orlow Traber trägt den Namen seines Begründers, Graf Alexej Orlow, der die Rasse 1777 in seinem Gestüt Chrenovoi entwickelt hat. Dazu kreuzte er Araber, Englisches Vollblut, Mecklenburger, Dänen und Friesen. Aus der Verbindung seines Arabers *Smetanka* mit einer dänischen Stute ging der Hengst *Polkan* hervor. Stammvater des Orlow Trabers wurde jedoch der 1784 geborene *Bars I.*, ein Sohn *Polkans* mit einer friesischen Rappstute.

Trabrennen werden in Moskau seit dem Jahre 1799 veranstaltet. Mit der zunehmenden Popularität dieser Sportart wurde auch der Orlow Traber bekannt. Vor der Entwicklung des Amerikanischen Trabers (Standard Bred) war der Orlow zweifellos der beste Traber der Welt.

Orlow Traber bei einem Rennen in Moskau.

Der Orlow Traber hat eine durchschnittliche Größe von 160 cm und ist ein kraftvolles Pferd mit starker, manchmal ziemlich steiler Schulter, einem langen, flachen Rücken, aber mit viel Gurtentiefe, und sehr starkknochigen Beinen. Er ist zudem von harter Konstitution, langlebig und wird, obgleich in erster Linie für Rennen gezüchtet, auch oft unter dem Sattel verwendet. Die Hauptfarben sind Rappen und Schimmel.
In den vergangenen Jahren wurde durch Einkreuzung importierter Standard Breds aus dem Orlow der Metis Traber entwickelt. Dieses Pferd ist wohl schneller, aber weniger attraktiv als sein Vorläufer.

Ein aufmerksamer und intelligenter Karabakh

Karabakh

Diese sehr alte und schöne Pferderasse stammt aus dem Karabakh-Gebirge und geht vermutlich, wie der Achal Tekkiner, auf die alte turkmenische Rasse zurück, obwohl sie unverkennbar auch arabische Vorfahren hatte. Der Kopf zeigt das typische Hechtprofil des Arabers im Gegensatz zu dem geraden Profil des Persers, doch ist die Gestalt des Karabakh in ihren Konturen weniger fein und windhundähnlich als die des Achal Tekkiners. Karabakh-Hengste haben ihrerseits das Don-Pferd stark beeinflußt.
Bei einer Größe um 150 cm ist der Karabakh ein wohlproportioniertes Pferd mit einer bewundernswerten Gestalt. Der feine Araberkopf sitzt auf kräftigem, gut geformtem Hals. Die Schulter ist gut gelagert, der Widerrist ausgeprägt und der Rumpf im Gegensatz zu den schlanken Linien des Achal Tekkiners kompakt und tief. Auch im Temperament ist der Karabakh ruhiger. Indessen teilt er mit dem Achal Tekkiner die charakteristische Fellfarbe: ein blasses Goldgelb mit metallischem Schimmer.

Russisches Kaltblut

Russisches Kaltblut

Gemessen an seiner Stärke und Arbeitsleistung ist das Russische Kaltblut, obgleich es die kleinste aller Kaltblutrassen darstellt, ein schweres Zugpferd. Es ähnelt im Cob-Typ einigen der französischen Zugpferdrassen, von denen der Ardenner durch Einkreuzung viel beigetragen hat.

Das Russische Kaltblut ist während der letzten 100 Jahre vornehmlich in der Ukraine entwickelt worden. Ardenner, Percherons und Orlow Traber wurden mit bodenständigen Zugstuten gekreuzt und die besten Nachkommen untereinander weitergezüchtet, um den angestrebten Typ zu festigen. Die gefällige Erscheinung des kleinen, starken Pferdes ist dabei sehr wahrscheinlich dem Einfluß des Orlow zuzuschreiben.

Die Größe des Russischen Kaltbluts liegt im Durchschnitt bei 147–149 cm. Es ist ein lebhaftes, gutartiges Pferd von sehr angenehmem Temperament, das für seine gewaltige Zugkraft bekannt ist. Seine Gestalt ist kompakt, mit massiger Brust und kräftiger Kruppe, guter Rippenwölbung und kurzen, starken Beinen mit schwachem Behang.

Das Russische Kaltblut wird viel in Kolchosen der Ukraine und im Uralgebiet verwendet. Wegen seiner geringen Größe ist es in der Haltung wirtschaftlicher als manche der schwereren Zugpferdrassen.

Wladimir Pferd

Wladimir Pferd

Dieses äußerst kräftige Arbeitspferd entstand in der zweiten Hälfte des 19. Jahrhunderts aus einer Mischung von eingeführten leichten und schweren Zugpferden mit einheimischen Stuten. Aus England kamen Suffolk Punches und Cleveland Bays, aus Frankreich Percherons und Ardenner. Später, zu Beginn dieses Jahrhunderts, wurde noch Clydesdale- und Shireblut eingekreuzt, wobei das letztere überwog. Seit 1925 paarte man nur noch die besten Nachkommen untereinander, ohne weiteres Fremdblut, bis im Jahre 1950 die Rasse als gefestigt galt. Sie wird heute in den Regionen Iwanow und Wladimir gezüchtet.

Das Wladimir Pferd von heute erinnert sehr stark an das Shire-Pferd, das offenbar den größten Einfluß auf die Entwicklung dieser Rasse genommen hat. Mit etwa 163 cm ist der Wladimir indessen kleiner als der Shire, jedoch ein starkes, wohlgestaltetes Pferd, mit guter, freier Aktion, vielleicht ein Erbe des Clydesdale.

Auch die Beine sind kräftig, mit viel Behang. Wie die meisten Kaltblüter, hat das Wladimir Pferd einen freundlichen und umgänglichen Charakter. Dabei ist es energisch und leistungsfähig. Alle Grundfarben sind erlaubt, doch überwiegen weiße Abzeichen an Kopf und Beinen.

Wjatka

Der Wjatka stammt vom Klepper ab, einem Zwerg der großen und verschiedenartigen Ponyfamilie des nördlichen Europa. Er gehört zur Gruppe der nördlichen Waldponys, die alle außerordentlich widerstandsfähig und kräftig sind. Vor allem im Gebiet der Flüsse Wjatka und Obwa gezüchtet, werden die Ponys für leichte landwirtschaftliche Arbeiten, zum Reiten und, wegen ihrer Schnelligkeit, als Wagen- oder Schlittengespanne (Troikas) verwendet.
Neben einem sehr dichten Winterfell bilden sie in der kalten Jahreszeit unter der Haut noch eine dicke Fettschicht aus.

Der Wjatka ist 133–143 cm groß. Er hat einen kleinen, länglichen Kopf mit leicht konkavem Profil, der trotz des oft etwas zu starken Unterkiefers nicht ohne Qualität ist. Der Hals ist muskulös, die Brust kräftig und tief; Schulter und Kruppe sind gut bemuskelt, die Beine stark und kurz, mit harten Hufen; Mähne und Schweif sind dicht. Die charakteristischen Farben des Wjatka sind die vieler nordeuropäischer Ponys: Falbe mit einem Aalstrich. Der Wjatka ist nicht nur ein sehr aktives Pony, sondern auch äußerst genügsam und deshalb wirtschaftlich in der Haltung.

Wjatka

Aufregender Ritt auf einem Lokaier

Lokaier

Der Lokaier ist eine zähe Bergrasse aus den hohen Lagen Tadschikistans und aus Usbekistan. Er wurde im 16. Jahrhundert von dem usbekischen Lokai-Stamm aus mongolischen Pferden gezüchtet und später durch Zuführung von Yomud-, Karabaier- und Araberblut verbessert. Sein williger und umgänglicher Charakter machen den Lokaier nicht nur zu einem guten Reit- und Packpferd, sondern auch zu einem mutigen und wendigen Sportpferd. Er wird in Rennen, bei der Jagd und bei der Falkenbeize eingesetzt sowie bei dem lokalen Sport des »kop-kopi« (Ziegenfangen), in dessen Verlauf die galoppierenden Reiter versuchen, sich gegenseitig eine tote Ziege zu entreißen.

Der Lokaier ist 143–150 cm groß. Sein Kopf ist kurz, mit geradem oder konvexem Profil. Der Hals ist gerade und die Schulter gut, die Kruppe oft abfallend. Die starken Beine haben gute Knochen und feste Hufe, neigen jedoch hinten zu säbelbeiniger Stellung.

Die Farben des Lokaier sind vornehmlich Braune und Schimmel, seltener Rappen und Falben; zuweilen mit Goldschimmer.

Asien

Manipur-Pony

Das Manipur-Pony kann für sich den Ruhm in Anspruch nehmen, das ursprüngliche Polopony zu sein. Alte Aufzeichnungen belegen, daß der König von Manipur im 7. Jahrhundert Polo eingeführt hat und daß dazu Ponys aus jener Gegend verwendet wurden. Vermutlich handelte es sich auch um dieses Pony, als die Engländer in Indien Polo entdeckten und das Spiel mit nach Europa und später nach Amerika brachten.

Manipur-Ponys wurden auch in Kriegszeiten verwendet. Sie waren die Reitpferde der gefürchteten Kavallerie von Manipur, die im 17. Jahrhundert den ganzen Norden Birmas in Schrecken versetzte. Noch im zweiten Weltkrieg waren Manipur-Ponys als Packtiere sehr geschätzt und begleiteten die britische Armee 1945 auf ihrem Marsch nach Birma.

Alte Aufnahme eines Manipur-Ponys mit seinem Reiter

Als Abkomme des Asiatischen Wildpferdes und des Arabers besitzt das Manipur-Pony, obwohl nur 112–132 cm hoch, eine große Ausdauer. Es ist stark, schnell und intelligent. Der lebhafte, etwas längliche Kopf, mit wachem Ausdruck, wird hoch getragen. Der Hals ist muskulös, der kompakte Körper hat eine tiefe Brust und gut gewölbte Rippen. Auch die Schulter ist wie die Kruppe gut entwickelt. Die Beine sind proportioniert, trocken und hart; der Schweif ist hoch angesetzt und jede Farbe möglich.

Bevor es von viel größeren und schnelleren Tieren abgelöst wurde, war das Manipur-Pony sicher das ideale Polopony; denn für dieses Spiel müssen die Tiere schnell, wachsam, stark und vor allem wendig sein.

Kathiawari- und Marwari-Pony

Kathiawari- und Marwari-Pony sind einander sehr ähnlich, wobei sich die Namen auf ihre Herkunft beziehen: die Halbinsel Kathiawar an der Nordwestküste Indiens und der Distrikt Marwar. Sie sollen von Arabern abstammen, die bei einem Schiffbruch an der Westküste Indiens sich an Land retten konnten. Die Pferde lebten dann wild und vermischten sich mit den einheimischen Ponys. Sicher lassen die stark nach innen zeigenden Ohren, deren Spitzen sich aufgerichtet fast berühren, auf arabischen Einfluß schließen, wie leider auch die Neigung zur Säbelbeinigkeit.

Bei einer Größe von 143–153 cm sind die Ponys sehr leicht und schmal, mit eher schwach entwickelter Schulter und Kruppe. Wie alle bodenständigen Ponys sind sie jedoch äußerst hart und zäh und kommen mit einem Minimum an Nahrung aus. Sie gehen angenehm und leicht, sind aber launisch im Charakter. Die besten Tiere wurden in Rennen eingesetzt, und manche früher auch für Polo. In Marwar, das im Mittelalter für seine Pferdezucht bekannt gewesen ist, wurden sie auch als Kriegspferde geschätzt.

Heute werden die Ponys noch in einigen

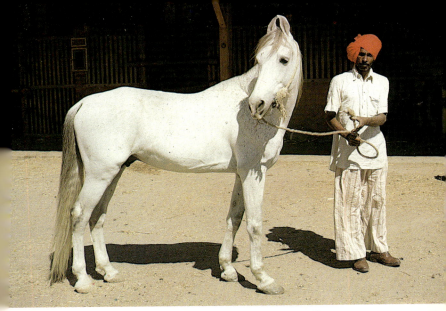

Ein Kathiawari-Pony zeigt die charakteristische Stellung seiner Ohren

Gestüten gezüchtet, denn sie sind an die rauhe Umgebung ihrer Heimat ebenso angepaßt wie sie für die Bedürfnisse der dortigen Bevölkerung geeignet sind. Sie können in allen Farben, einschließlich Schecken, auftreten.

Timor-Pony

Von der Insel Timor stammend, ist dies die kleinste der indonesischen Ponyrassen. Sie wird von den Einheimischen als Rinderpony verwendet und ist in Australien und Neuseeland, wohin die Tiere exportiert werden, jedoch auch als Kinderpony sehr beliebt. In Australien wurde aus dieser Rasse mit Hilfe von englischem und arabischem Vollblut sowie mit importierten Welsh Mountains und Shetlands der Typ eines australischen Reitponys entwickelt.

Das Timor-Pony ist nur etwa 112 cm hoch, trotz dieser Kleinheit aber ungewöhnlich kräftig. Daneben ist es schnell, energisch und willig, gutmütig im Temperament und gelehrig. Es besitzt also unschätzbare Qualitäten für ein Kinderpony. Sein Äußeres ist ebenfalls gut: ein zierlicher Ponykopf, wohlproportionierter Hals, ein kurzer Rücken sowie gute Schultern und Hinterbeine. Die gewöhnlichen Farben sind Braun, Dunkelbraun und Schwarz, es gibt jedoch auch unter anderem ein sehr dunkles Schokoladenbraun mit hell kremgelber Mähne und Schweif.

Timor-Pony

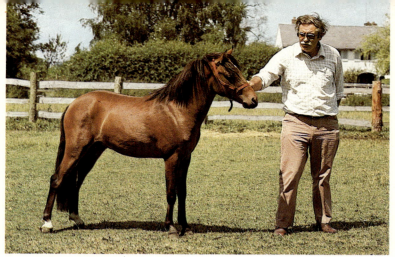

Das Kaspische Pony ist ein echtes Minipferd

Kaspisches Pony

Diese bemerkenswerten kleinen Tiere gleichen eher winzigen Pferden als Ponys. Man hielt sie lange Zeit schon für ausgestorben, bis man 1965 einige wilde Exemplare dieser Rasse an der Küste und andere als Zugtiere in nordiranischen Küstenstädten am Kaspischen Meer entdeckte. Sie verkörpern unverkennbar eine eigene Rasse, deren Herkunft indessen noch unklar ist. Die vorherrschende Theorie bringt sie in direkte Linie mit dem einstigen Minipferd Mesopotamiens, dessen Existenz von 3000 v. Chr. bis zum 7. Jahrhundert n. Chr. verfolgt werden kann. Was dann aus ihm geworden ist und wie es überlebt hat, ist noch unbekannt. Bei einer Größe von nur 102–122 cm ist das Kaspische Pony intelligent, sanftmütig, trittsicher und hat ein natürliches Springtalent. Seine geringe Größe macht es außerdem zu einem idealen Pferd für kleine Kinder. Gestaltlich ist es ein echtes Minipferd, mit vergleichsweise längeren Beinen als bei einem Pony und mit feinem, wenn auch harten Knochenbau. Der hübsche Araberkopf ist mit seinen großen, weit auseinanderliegenden Augen und kleinen Ohren sehr attraktiv. Die Farben sind Braun oder Dunkelbraun, ohne weiße Abzeichen.

Afrika

Basuto-Pony

Das Basuto-Pony ist im südlichen Afrika nicht bodenständig. Pferde waren dort bis zum Jahre 1653 unbekannt, als von der holländischen Ostindien-Kompanie vier Tiere mit Araber- und Berberblut in die Kap-Provinz eingeführt wurden. Sie waren die Stammväter des sogenannten Kap-Pferdes. Im Laufe der Jahre kreuzte man zur Festigung der Rasse mehr orientalisches sowie englisches Vollblut ein. Unter den Pferden, die von den englischen Siedlern eingeführt wurden, befanden sich auch Nachkommen so berühmter Pferde wie *Herod*, *Matchem* und *Eclipse*. Das Kap-Pferd war somit ein Warmblut vorzüglicher Abkunft.

Als im frühen 19. Jahrhundert die Scharmützel zwischen Zulus und Siedlern zunahmen, kamen auch Kap-Pferde als Kriegsbeute ins Basutoland, das heutige Lesotho. Das rauhe, trockene Klima und die Vermischung mit bodenständigen Pferden ließ sie allmählich an Größe einbüßen und degenerieren. Im Laufe der Zeit entwickelten sie sich indes zu starken, ausdauernden und trittsicheren Tieren, dem heutigen Basuto-Pony.

Bei einer Größe von nur etwa 145 cm,

zeichnen sich die Basutos durch erhebliche Kraft und Zähigkeit aus: Viele haben schon erwachsene Männer bis zu 120 km am Tag getragen. Für einige Zeit waren die Qualität und die Zahl der Basuto-Ponys rückläufig. Ihr Ansehen war in früheren Jahren jedoch so hoch, daß gegenwärtig selektive Zuchtbemühungen eingesetzt haben und die Wiedereinkreuzung von arabischem Blut ihren originalen Charakter bewahren soll: den eines untersetzten, kräftigen, vielseitigen Ponys mit kurzen, harten Beinen, ziemlich langem Rücken, langem schlanken Hals und einem oft edlen Kopf, der auf seine hohe Abstammung hinweist. Brauner, Dunkelbrauner, Fuchs und Schimmel sind die üblichen Farben.

Basuto-Pony in einem Dorf in Lesotho.

Ein mausfarbenes Cutting Horse

Kanada

Canadian Cutting Horse

Das Cutting Horse ist das kanadische Gegenstück des American Quarter Horse, von dem sich die Rasse weitgehend herleitet. Der Begriff »cutting« bezieht sich auf seine hauptsächliche Aufgabe: das Trennen oder Absondern eines einzelnen Tieres aus einer Rinderherde. Dies erfordert eine große Gewandtheit, sowohl vom Pferd wie auch vom Reiter. Ein gutes Cutting Horse beherrscht indes seine Arbeit so perfekt, daß es kaum einer Führung bedarf: sich drehen und wenden, um so das ausgewählte Tier von den übrigen abzudrängen, oftmals durch Anlehnen des eigenen Körpergewichts in scheinbar unmöglichen Winkeln und mit großer Geschwindigkeit.

Canadian Cutting Horses sind sehr intelligent und scheinen für ihre Arbeit ein angeborenes Talent zu haben. Sie werden deshalb besonders für die Teilnahme an den zahlreichen Cutting-Wettbewerben gezüchtet, bei denen die besten Pferde ihren Reitern erhebliche Geldsummen einbringen können.

Bei einer Größe um 150-155 cm, ist das Cutting Horse in seiner Gestalt sehr ähnlich dem American Quarter Horse, mit starkem kurzen Rücken und muskulösen Schenkeln. Jede Farbe ist möglich.

Australien

Waler

Die ersten Pferde kamen im Jahre 1788 nach Australien. Als der Gouverneur Arthur Phillip am Kap der Guten Hoffnung vor Anker ging, um Proviant zu fassen, nahm er auch sechs Kap-Pferde mit an Bord: einen Hengst, drei Stuten und zwei Jungstuten. Nach der Ankunft in Australien entkamen bis auf den Hengst und ei-

ne Stute alle Pferde und verschwanden im Busch. Innerhalb der folgenden zehn Jahre wurden jedoch noch mehr Pferde importiert – Pferde aus der Kap-Provinz, Englisches Vollblut und Araber. Bis 1798 gab es in Australien 117 Pferde von unterschiedlicher Herkunft.

Danach wuchs ihre Zahl sehr schnell. Ihre Qualität wurde durch die Einfuhr ausgewählter Hengste verbessert, von denen ein englisches Pferd mit Namen *Rockingham* besonders einflußreich gewesen ist. In den frühen zwanziger Jahren des vorigen Jahrhunderts gab es über 5000 Nutzpferde in Australien. Man nannte sie Waler, nach den ersten Siedlungen in dem damaligen Neusüdwales. Diese Walers waren – und sind es heute noch – starke, ausdauernde Tiere mit viel Knochen, die erhebliches an Gewicht zu tragen vermochten. Als Remonte waren sie bei der Armee sehr gefragt. Während des Burenkrieges dienten 16000 als Kavalleriepferde und im ersten Weltkrieg waren es über 121000.

In Australien war der Waler für die frühen Siedler unersetzlich. Als zähes, mutiges Pferd von großer Kraft, Schnelligkeit und Ausdauer genießt er heute als Reitpferd ein hohes Ansehen und wird auch oft als Polizeipferd eingesetzt. Es wäre bedauerlich, wenn die gegenwärtige Betonung der Vollblutzucht zu einem Niedergang des Walers führen würde, dessen Dienste für die Entwicklung Australiens von unschätzbarem Wert gewesen sind.

Der australische Waler

American Saddle Horse mit seiner charakteristischen Schweifhaltung.

Vereinigte Staaten
American Saddle Horse

Der offizielle Begründer des American Saddle Horse ist der 1839 geborene Englische Vollbluthengst *Denmark*. Der eigentliche Ursprung dieser Rasse reicht jedoch viel weiter zurück bis in jene Pioniertage, als starke, schnelle und ausdauernde leichte Pferde zur Überwindung großer Strecken gebraucht wurden. Sie mußten zudem gut zu reiten sein, willig und intelligent, und für das Geschirr geeignet. Da es in Amerika keine bodenständigen Pferde gab, mußten die Siedler selektiv aus dem Bestand züchten, den sie mitgebracht oder später eingeführt hatten: englische Pacer (die vor dem Vollblut kamen) sowie Pferde aus Spanien, Frankreich, Afrika und dem Orient. Sie waren alle an einem Pferd beteiligt, das zunächst unter dem Namen Kentucky Saddle Horse bekannt wurde. Seit den Tagen des Hengstes *Denmark*, wurde auch Standard-Bred- und Morgan-Blut eingekreuzt.

Heutzutage wird das American Saddle Horse in erster Linie für den Schauring gezüchtet, wo es in drei Klassen auftreten kann: im leichten Geschirr sowie als Dreigänger und Fünfgänger. Der Fünfgänger ist hochgeschätzt: Neben Schritt, Trab und Kanter beherrscht er noch zwei zusätzliche Gangarten, den Slow Gait und den Rack. Während der Rack eine sehr schnelle, rhythmische Gangart im Viertakt ist, kann man den Slow Gait (gebrochener Paß) als dessen langsamere, elegante Variante bezeichnen. Beide zeigen die extravagante und überaus brillante Aktion dieser Rasse.

Das Saddle Horse ist 153–163 cm groß, und seine Erscheinung wirkt leicht und elegant. Sein Kopf ist klein und lebhaft, der hochgetragene, gebogene Hals sitzt auf starken Schultern; der gut gewölbte Rumpf ist kurz und muskulös, die Hinterhand stark und elastisch. Die Beine sind trocken, mit geschmeidigen Gelenken.

Die auffallende Erscheinung des Saddle Horses wird durch eine übertrieben hohe Schweifhaltung noch unterstrichen. Sie beruht auf einem operativen Eingriff (Durchtrennung gewisser Muskeln) und der Verwendung eines Schweifmieders.

Tennessee Walking Horse

Der Stammvater dieser populären Rasse war der 1886 geborene Standard-Bred-Hengst *Black Allan.* Er beherrschte eine ganz besondere Gangart, einen sehr langen, schnellen und geschmeidigen Schritt im Viertakt. Dieser sogenannte »running walk« wurde zur bezeichnenden Gangart des Walking Horses, die auch für den Reiter außerordentlich angenehm ist. Viele behaupten sogar, daß diese Rasse das bequemste Reitpferd der Welt sei.
Morgans und Narragansett Pacers waren ebenfalls am Walking Horse beteiligt, das ursprünglich von den Plantagenbesitzern der Südstaaten für ihre Inspektionsritte entwickelt worden war. Sie pflegten die Pferde als »Turn Rows« zu bezeichnen, da diese zwischen den langen Reihen von Pflanzen gehen konnten, ohne sie zu beschädigen.
Das Tennessee Walking Horse ist 153–163 cm groß und eine exzellente Erscheinung, mit besonders starken Schultern und klaren, harten Beinen. Dabei ist es intelligent und sehr gutartig. Rappe, Brauner und Fuchs sind die wichtigsten Farben.

Tennessee Walking Horse

Standard Bred (Amerikanischer Traber)

Der Standard Bred ist wahrscheinlich das beste Trabrennpferd der Welt. Sein offizieller Begründer war der Englische Vollbluthengst *Messenger*, der 1788 nach Amerika kam, und dessen männliche Linie bis zum *Darley Arabian* zurückreicht. Gekreuzt mit Narragansett-Pacer-Stuten – Pferde friesischen Ursprungs, die die frühen Siedler eingeführt hatten –, zeigten alle Nachkommen *Messengers* beachtliche Traberqualitäten.

Auch der 1849 geborene *Hambletonian* war als Abkömmling *Messengers* erblich vorbelastet und gilt als der eigentliche Stammvater des Standard Bred. Obwohl noch einige andere Vollblut-Linien hinzukamen und die Rasse unter anderem auch Blut von Morgans und Norfolk Trabern besitzt, gehen heute 99 Prozent der Standard Breds auf den einen oder anderen von vier Söhnen *Hambletonians* zurück.

Der Name »Standard Bred« datiert aus dem Jahre 1879, als die National Association of Trotting Horse Breeders einer Reihe von Vorschriften für die Aufnahme in das Trotting Register zustimmte, und basiert auf der Standard-Schnelligkeit über 1 Meile (1600 m). Ursprünglich ein Mischtyp, ist der Standard Bred von heute eine einheitliche und gefestigte Rasse mit weltweiter Anerkennung. Alle europäischen Traber haben dem Standard Bred, der auch in Puerto Rico und Neuseeland gezüchtet wird, etwas zu verdanken.

Der Standard Bred ist mit etwa 155 cm ein mittelgroßes Pferd. Sein Äußeres weist eine Reihe von Vollblutmerkmalen auf, doch ist er robuster gebaut, mit mächtigen Schultern, einer tiefen, breiten Brust, starker Hinterhand und kürzeren, eisenharten Beinen und Hufen. Er hat ein unglaubliches Durchstehvermögen, und sein hervorragendes Herz und die ausgezeichneten Lungen erlauben ihm, Runde um Runde zu traben ohne zu ermüden. Einige Standard Breds sind sowohl Traber als auch Paßgänger. Die letzteren werden von früher Jugend an in dieser Gangart trainiert, sofern sie eine Neigung hierfür erkennen lassen. Standard Breds treten gewöhnlich als Braune, Dunkelbraune, Rappen oder Füchse auf.

Standard Bred im Paßgang

Morgan

Morgan

Der Morgan ist eine der wenigen Rassen, die ihre Herkunft von einem einzigen Stammvater ableiten können, dem 1793 in Vermont geborenen kleinen Braunen *Justin Morgan*. Seine Abstammung ist nicht ganz geklärt, doch man vermutet eine Mischung von Araber und Englischem Vollblut, vielleicht auch mit etwas Welsh-Blut. Er wurde nach seinem zweiten Besitzer, Thomas Justin Morgan, benannt, der von der Vielseitigkeit des Hengstes, seiner Stärke, Ausdauer und seinem guten Aussehen so beeindruckt war, daß er ihn glücklicherweise nicht verschneiden ließ, sondern für die Zucht einsetzte.

Das Ergebnis war erstaunlich genug. Seine zahlreichen Nachkommen, die er mit den verschiedensten und zum Teil nur sehr durchschnittlichen Stuten zeugte, waren alle das getreue Ebenbild seiner selbst. Als sein Ruhm wuchs, wurden ihm Stuten aus dem ganzen Lande zugeführt. Schließlich wurde er für eine große Summe von der U.S. Army gekauft, die eine Morgan Stud Farm in Woodstock, Vermont, etablierte. So blieb der kleine Hengst für den Rest seines Lebens im Gestüt und begründete eine Rasse, die in ihrer Erbtreue geradezu einmalig ist. Die durchschlagende Erbkraft dieses Pferdes war so stark, daß sein eigener Typ sich von Generation zu Generation vervielfältigte.

Justin Morgan starb 1821, doch die Rasse, die er begründet hat, zählt heute noch zu den populärsten Pferden Amerikas. Darüber hinaus hat sie viele andere beeinflußt, besonders das Saddle und das Tennessee Walking Horse. Heutzutage überragt der Morgan mit seiner Größe bis zu 160 cm deutlich seinen einstigen Stammvater. Gestaltlich hat er dessen Merkmale jedoch weitgehend konserviert: ein kompakter muskulöser Körper mit starken Schultern, guten Beinen und einem kurzen, hübschen Kopf auf dickem muskulösen Hals. Der Morgan ist ein lebhaftes, vielseitiges Pferd von gewaltiger Körperkraft und dabei freundlichem Wesen. Alle reinen Farben sind üblich.

American Quarter Horse

Die frühen englischen Siedler haben diese Rasse in Virginia und in North und South Carolina entwickelt. Sie kreuzten die aus England importierten Pferde, zumeist Vollblut, mit einheimischen Stuten spanischen Ursprungs. Das Quarter Horse diente als Allroundpferd nicht nur zum Reiten und Fahren, sondern vor allem auch für die in der Kolonialzeit volkstümlichen Wettrennen. Die hervorragenden Leistungen dieser Pferde bei den Sprints über die »quarter mile« trug ihnen den Namen »Quarter Horse« ein.

Als sich schließlich die Rennen mit Vollblutpferden zu etablieren begannen, gerieten die inoffiziellen Viertelmeilen-Rennen langsam in Vergessenheit. Das Quarter Horse, das sich inzwischen als erstklassiges Cowboy-Pferd empfohlen hatte, konnte dagegen seine Popularität noch beträchtlich vermehren. Im Laufe der Zeit entwickelte es eine ganz erstaunliche Fähigkeit bei der Rinderarbeit, und die Züchter hielten es für das intelligenteste und fähigste Cowboy-Pferd überhaupt, ausgestattet mit einem natürlichen »cow sense«.

Das Quarter Horse ist sehr attraktiv, anpassungsfähig, klug und freundlich und zählt heute zu den populärsten und beliebtesten Pferderassen nicht nur in Amerika, denn über eine Million Exemplare sind weltweit in mehr als vierzig Ländern registriert.

Das Quarter Horse ist ein kompaktes, muskulöses Pferd mit eleganten Beinen.

Quarter Horse bei einem Rodeo im amerikanischen Westen.

Eine Palomino-Stute mit ihrem Fohlen an der Tränke. Die Fohlen werden mit zunehmendem Alter dunkler.

Ein prächtiger Palomino-Hengst.

Palomino

Bis vor kurzem bezeichnete man als »Palomino« lediglich ein Pferd mit einer besonderen Fellfarbe. Inzwischen haben sich in Großbritannien und Amerika Zuchtverbände von »Palomino Horse Breeders« konstituiert, die eine Aufnahme in ihre Register nicht allein von der konstanten Färbung abhängig machen, sondern auch von der gestaltlichen Qualität. Der Standard des Palominos – ob Pferde oder Ponys – hat sich seitdem ganz erheblich verbessert. Die Farbe des Palomino sollte die einer »frisch geprägten Goldmünze« sein und nicht gelb oder Fuchs. Mähne und Schweif sind weiß, während weiße Abzeichen nur an der Stirn und an den Beinen erlaubt sind.

Eine farbsichere Zucht gestaltet sich noch immer sehr viel schwieriger als die Entwicklung guter körperlicher Eigenschaften. Als Kreuzungen, die mit einiger Wahrscheinlichkeit Palominos hervorbringen, gelten die folgenden: Palomino mit Palomino, Fuchs (beide Eltern ebenfalls Fuchs) mit Palomino und Fuchs oder Palomino mit Albino. Fohlen werden mit zunehmendem Alter oft dunkler, und die Fellfarbe kann in der Regel erst im sechsten Lebensjahr als »endgültig« betrachtet werden.

Palominos können größen- und typenmäßig außerordentlich verschieden sein. Dank der strengen Auslese der Zuchtverbände sind jedoch alle registrierten Palominos nunmehr Tiere mit einem guten Exterieur. Die Palominofärbung soll aus Spanien stammen, wo solche Pferde nach der am Ende des 15. Jahrhunderts regierenden Königin Isabella benannt wurden. Goldfarbene Pferde gab es jedoch mit Sicherheit schon sehr viel früher.

Appaloosa

Der Appaloosa wurde ursprünglich von den Nez-Percé-Indianern gezüchtet, die bis 1877 im Nordwesten der Vereinigten Staaten gelebt hatten. Sein Ursprung geht auf Pferde zurück, die im 16. Jahrhundert mit den spanischen Konquistadoren nach Amerika kamen. Unter jenen Pferden müssen eine Anzahl erbstarker Hengste mit gefleckter Fellfärbung gewesen sein, wenn dieses ausgeprägte Zeichnungsmuster sich über so viele Generationen bewahren konnte.

Sechs Grundmuster werden unterschieden: eine schwarze Fleckung auf weißem Grund (Leopard-bunt), helle Flecken auf dunklem Grund (Schneeflocken-bunt) und eine auf Kruppe und Lenden beschränkte Fleckung (Decken-bunt). Die anderen Muster werden als Schabrackbunt, Schabrack-Schneeflocken-bunt sowie Marmor-bunt bezeichnet, wobei das letztere kein Fleckenmuster darstellt, als vielmehr eine weiße Färbung von Kruppe und Lenden bei sonst dunklem Fell. Die Grundfarbe ist im allgemeinen stichelhaarig, doch sind auch andere Farben möglich, solange die Flecken einem der sechs Grundmuster entsprechen.

Die Haut um die Lippen, Nüstern und Genitalien ist rosagrau gesprenkelt und das Auge oft weiß umrandet. Mähne und Schweif sind dünn, die Hufe häufig längsgestreift. Bei einer Größe von 145–155 cm ist der Appaloosa ein kompaktes Pferd, mit geradem Rücken und starker Kruppe. Er ist stark, schnell, widerstandsfähig und von großer Ausdauer. Dabei hat er ein freundliches Wesen. Heute ist der Appaloosa ein beliebtes Reitpferd in Amerika, und er wird wegen seiner auffälligen Erscheinung auch gerne als Zirkus- oder Paradepferd verwendet.

Der Pinto zeigt ein charakteristisches Farbmuster

Ein gefleckter Appaloosa (Leopardbunt)

Pinto

Der Pinto, dessen Name von dem spanischen Wort »gemalt« abzuleiten ist, wird in Amerika jetzt als Rasse anerkannt, obgleich er ursprünglich nur einen Farbtyp darstellt. Er tritt als Schecke auf, und zwar in zwei Grundmustern: dem Overo und dem Tobiano.

Beim Overo tritt das Weiß als Muster auf, am Bauch beginnend und über die Seiten nach oben ziehend; die Grundfarbe ist dunkel (Rappe, Brauner, Fuchs). Mähne und Schweif sind gewöhnlich dunkel, während die Beine schwarz und weiß alternieren, jedoch nur selten gänzlich weiß sind. Weiße Abzeichen auf der Stirn und blaue Augen überwiegen.

Beim Tobiano ist die Grundfarbe Weiß mit farbigen Partien. Die Beine sind immer weiß, eine weiße Stirn und blaue Augen dagegen selten. Tobianos sind meist auch größer und schwerer als Overos.

Der Pinto war ein Lieblingspferd der Indianer, da die gebrochene Farbe das Tier in seiner Umgebung optisch auflöst. Abgesehen von seinen zahlreichen Einsätzen in Wildwest-Filmen, ist der Pinto heute ein beliebtes Reitpferd in Amerika. Bei Schauen tritt er in speziellen Klassen auf, wobei der Bewertung einmal das Farbmuster und zum anderen die gestaltliche Erscheinung zu Grunde liegt. Allerdings gibt es für Größe und Körperbau keine festen Standards, da die Zucht in erster Linie auf das gewünschte Farbmuster ausgerichtet ist.

Pony of the Americas

Diese Rasse ist erst 25 Jahre alt und damit ohne Zweifel eine der jüngsten überhaupt. Sie entstand durch Kreuzung eines Shetland-Hengstes mit einer Appaloosa-Stute. Die Appaloosa-Zeichnung ist dominant und als Voraussetzung für die Eintragung in das Stutbuch muß ein Pony einem der für den Appaloosa anerkannten Grundmuster entsprechen. Mit diesem Pony sollte ein kleines, aktives Reittier für ältere Kinder geschaffen werden, das vielseitig, willig und sanftmütig sein und dabei Stil und Substanz haben sollte. Die neue Rasse hat all diese Forderungen auffallend gut erfüllt. Die Ponys haben sich erfolgreich als Springpferde sowie in Streckenritten und bei Kinderrennen bewährt, sie sind als erstklassige Allzwecktiere für junge Reiter beliebt.

Die Größe des Ponys of the Americas muß zwischen 115 und 135 cm betragen. Es hat einen kleinen arabischen Kopf mit Hechtprofil, großen Augen und kleinen, spitzen Ohren. Die Schulter ist schräg, die Brust tief und die Kruppe gut bemuskelt, mit hohem Schweifansatz. Die Beine sind klar, mit kurzen Röhren. Mit ihren harmonischen Formen sind diese Ponys auffallende Tiere, mit ruhigen, angenehmen Bewegungen in allen Gangarten.

Pony of the Americas

Puerto Rico
Paso Fino

Der Paso Fino ist eine alte Rasse, die auf eingeführte spanische Pferde des 16. Jahrhunderts zurückgehen soll. Er verfügt über drei natürliche Gangarten im Viertakt: Die langsamste und am meisten versammelte ist der Paso Fino; etwas schneller und für weite Strecken der Paso Corto und schließlich der schnelle Paso Largo, bei dem das Pferd bis zu 25 km pro Stunde zurücklegen kann. Keine dieser Gangarten muß erlernt werden, und alle sind für den Reiter sehr bequem.

Der Paso Fino ist ein kleineres Pferd von ungefähr 146 cm, das im Typ und im Charakter eher einem Pony gleicht. Er ist stark gebaut, mit einem schön getragenen Araberkopf und starken Schultern, und dabei intelligent und willig. Alle Farben sind möglich. Der Paso Fino wird auch in Kolumbien und Peru gezüchtet.

Peru
Peruanisches Pasopferd

Obgleich es manchmal nur die Größe des Paso Fino erreicht, ist das Peruanische Pasopferd entschieden ein kleines Pferd und kein Pony. Es stammt ebenfalls von spanischen Pferden ab und hat eine bezeichnende Gangart, die systematisch entwickelt worden ist. Dabei handelt es sich um einen gebrochenen Paß im Viertakt, den das Pasopferd mit extravaganter Aktion der Vorderbeine ausführt. Die Hinterbeine werden bei gesenkter Kruppe kraftvoll nach vorn getrieben. Diese Gangart, die für den Reiter sehr ruhig und bequem ist, kann das Pferd dank seiner gewaltigen Ausdauer und Leistungsfähigkeit auch auf schwierigem Gelände über lange Strecken durchhalten.

Bei einer Größe von 143–160 cm ist das Peruanische Pasopferd ein hübsches, gut gemachtes Tier mit viel Ausstrahlung. Der feine Kopf sitzt auf starkem, wohlgeformtem Hals, die Brust ist breit und tief, die Kruppe muskulös. Die Hinterbeine sind ungewöhnlich lang, mit guten Knochen und harten Hufen. Braune und Füchse überwiegen.

Unten: Der Paso Fino von Puerto Rico

Unten rechts: Peruanisches Pasopferd

Argentinien

Falabella

Das Falabella-Pony ist mit einer Größe bis zu 72 cm das kleinste Pferd der Welt. Es hat seinen Namen von der Falabella-Familie, die auf ihrer Ranch in der Nähe von Buenos Aires die Rasse entwickelt hat. Sie kreuzten ein kleines Vollblut mit den jeweils kleinsten Shetlands, ohne weiteres Fremdblut. Das Falabella ist sehr freundlich und intelligent und wegen seiner geringen Größe ein ideales Haustier. Es eignet sich nicht zum Reiten, wird aber gelegentlich als Wagenpony verwendet.

Das Falabella-Pony ist in Amerika als Haustier weit verbreitet.

Criollo

Wenn überhaupt ein Pferd als bodenständig in Südamerika bezeichnet werden kann, dann ist es der Criollo. Sein Ursprung geht jedoch auf spanische Pferde (Andalusier, Araber und Berber) zurück. Als Indianer Buenos Aires plünderten, wurden die spanischen Pferde auf die Pampas getrieben, wo sie 300 Jahre wild oder halbwild lebten. Im Kampf ums Überleben waren sie hier einer rigorosen natürlichen Auslese unterworfen, die alle schwachen und kranken Tiere unerbittlich ausmerzte. Allein die stärksten und härtesten Pferde konnten sich gegenüber Bränden, Überschwemmungen, extremen Temperaturen und Angriffen wilder Hunde behaupten. Es kann deshalb kaum verwundern, daß der Criollo sich zu einem ungeheuer zähen und widerstandsfähigen und dabei starken und aktiven Pferd entwickelt hat.

Criollos sind in erster Linie die Reitpferde der Gauchos in den riesigen Viehzuchtgebieten, sie werden aber auch allgemein geritten. Sie haben eine unglaubliche Ausdauer. So waren es die beiden Criollos *Mancha* und *Gato,* 15 und 16 Jahre alt, die Professor Tschiffely auf seinem denkwürdigen Ritt von Buenos Aires nach New York trugen, eine Entfernung über 21485 km, mit einem Tagesdurchschnitt von 42 km und einem Höhenrekord über 5867 m.

Criollo

Criollos sind 136–153 cm groß und kompakte, robuste und dabei schöne und willige Tiere. Sie können auch schwere Reiter tragen. Ihr Kopf ist kurz und breit, die Augen weit auseinanderstehend. Hals und Kruppe sind muskulös, die Brust ist breit und der Rücken kurz, mit guter Rippenwölbung. Die kurzen, muskulösen Beine haben ausgezeichnete Knochen und kleine, harte Hufe. Die bevorzugte Farbe ist Falbe mit Aalstrich. Sie werden heute in vielen Ländern Südamerikas gezüchtet.

Worterklärungen

Aktion Bezeichnung für die Mechanik der Bewegungen, besonders Laufen und Traben mit starker Beugung in den Knien der Vorderbeine.

Behang Behaarung am Fesselgelenk und am Röhrbein. Bei manchen Rassen ist diese Beinbehaarung auffallend dicht, bei anderen, gering.

Cob Ein Pferd oder Pony, das sich durch gedrungenen, niedrigen Körperbau auszeichnet. Keine eigentliche Rasse, sondern verschiedene Typen.

Cow Sense Meist angeborene Anlage eines Pferdes, sich zwischen den Rinderherden unter einem Reiter zu behaupten.

Gestiefelt Die erheblich über das Fesselgelenk nach oben reichenden weißen Abzeichen an den Beinen.

Gurtentiefe Umfang des Brustkorbs, hinter dem Widerrist gemessen. Viel Gurtentiefe gewährt ausreichend Platz für Herz und Lunge.

Hechtkopf Siehe Profillinie.

Hengst Unkastriertes männliches Pferd über vier Jahre, das in der Zucht eingesetzt wird.

Hinterhand Der Teil des Pferdes, der sich hinter der Hand des Reiters befindet; das sind Rücken, Hüften, Kruppe, Hinterbeine, Schweif.

Hippologie Wissenschaft von den Pferden.

Kaltblut Kräftige, schwere bis mittelschwere Pferde mit ruhigem Temperament, die ihre Arbeit im Schritt verrichten. Besonders für landwirtschaftliche Arbeiten geeignet. Der Ausdruck bezieht sich nicht auf die Bluttemperatur.

Körung Beurteilung von Pferden und Ponys nach ihrem Zuchtwert.

Kumis Russisches Getränk aus Pferdemilch.

Maulesel Kreuzung zwischen Pferdehengst und Eselstute.

Maultier Kreuzung zwischen Eselhengst und Pferdestute.

Mittelhand Der Teil des Pferdes unter dem Reiter; wird auch Rumpf genannt.

Pony Kleinpferd bis 148 cm Größe.

Profillinie Eine gedachte Linie, die vorne über den Kopf des Pferdes vom Scheitel zur Oberlippe verläuft. Es gibt gerade und gebogene Profillinien (Stirnlinien). Eine konvexe Linie nennt man Ramskopf, eine konkave Linie Hechtkopf.

Ramskopf Siehe Profillinie.

Schulter Ihre Lage hat Einfluß auf die Bewegungen eines Pferdes. Für weiten, schnellen Lauf ist eine lange, schräg liegende Schulter erwünscht. Zugpferde, bei denen es mehr auf Kraft als auf Schnelligkeit ankommt, haben eine mehr oder weniger steile Schulter.

Trocken Dieser Ausdruck bezieht sich meist auf die Beine. Sie haben eine dünne Haut, unter der die Blutgefäße deutlich sichtbar sind. Edle Pferde haben in der Regel harte, trockene Beine. Man spricht auch von einem trockenen Kopf, wenn der Schädel sich scharf unter der Haut abzeichnet.

Vorhand Der Teil des Pferdes, der sich vor der Hand des Reiters befindet: Kopf, Hals, Schultern, Widerrist, Brust und Vorderbeine.

Wallach Kastriertes männliches Pferd.

Warmblut Ausdruck für Pferde, die einen größeren oder kleineren Prozentsatz englischen Vollbluts in den Adern haben; auch identisch mit Halbblut. Hat mit der Bluttemperatur nichts zu tun, doch ist das Temperament feuriger als das der Kaltblüter.

Register

Achal Tekkiner 96
Afrika, Pferderasse aus 108–109
Altér Real 82
American Quarter Horse 116
American Saddle Horse 112
Amerikanischer Traber 114
Andalusier 84
Anglo-Araber 64
Anglo-Normanne 64
Appaloosa 118
Arabisches Vollblut 28
Ardenner 60
Argentinien, Pferderassen aus 122
Asien, Pferderassen aus 106–108
Australien, Pferderasse aus 110–111

Basuto-Pony 108
Belgien, Pferderasse aus 70
Belgisches Zugpferd 70
Boulonnais 61
Brabanter 70
Bretone 63
Budyonny 98

Camargue-Pferd 68

Canadian Cutting Horse 110
Cleveland Bay 43
Clydesdale 40
Comtois 63
Connemara Pony 45
Criollo 122

Dales Pony 46
Dänemark, Pferderassen aus 36–37
Dartmoor-Pony 48
Deutschland, Pferderassen aus 73–79
Dölepferd 34
Don-Pferd 97

Einsiedler 80
Englisches Vollblut 30
Exmoor-Pony 50

Falabella 122
Fellpony 47
Finnischer Klepper 32
Finnland, Pferderasse aus 32
Fjord-Pony 35
Frankreich, Pferderassen aus 60–69
Französischer Traber 66
Französisches Reitpferd 64
Französisches Sattelpferd 67

Gelderländer 70
Groninger 72
Großbritannien, Pferderassen aus 39–59
Gudbrandsdaler 34

Hackney 58
Hackney-Pony 58
Haflinger 90
Hannoveraner 74
Highland Pony 52
Holsteiner 74
Hunter 39
Huzule 95
Hyracotherium 20

Irisches Zugpferd 44
Irish Draught Horse 44
Island, Pferderasse aus 38
Island-Pony 38
Italien, Pferderasse aus 86
Italienisches Kaltblut 86

Kabardiner 98
Kanada, Pferderasse aus 110
Karabaier 99
Karabakh 101
Kaspisches Pony 108
Kathiawari-Pony 106
Keltisches Pony 8
Kladruber 93

Die Bilder stellten zur Verfügung:
All-Sport Photographic Ltd. (Peter Greenland, Don Morley), Animal Photography Ltd., Australian News and Information Bureau, British Museum (Michael Holford), British Tourist Authority, Peter Clayton, Bruce Coleman (Eric Crichton, Jane Burton, Charles Henneghien, Hans Reinhard), Colour Library International, Daily Telegraph (Patrick Ward), Mary Evans Picture Library, Sonia Halliday, George G. Harrap & Co., Ltd. (Sally Ann Thompson, Michael Holford), Kit Houghton, Alan Hutchinson, Irish Horse Board, Jacana, Keystone, Leslie Lane, Mansell Collection (D. Robinson), NHPA (J. B. Free, Douglas Dickins), Picturepoint, Radio Times Hulton Picture Library, Roebild, Jacques Six, Spectrum Colour Library (A. Stainton), ZEFA (V. Wentzel, J. Behnke, E. Bordis).

Knabstrupper 36
Konik 95

Lipizzaner 105
Lusitaner 83

Manipur-Pony 106
Marwari-Pony 106
Mesohippus 20
Mongolisches Wildpferd 20
Morgan 115
Muraközer Pferd 88

New Forest Pony 51
Niederlande, Pferderassen aus 70–72
Niederländisches Kaltblut 72
Nonius 87
Nordschleswiger 78
Nordschwedisches Pferd 33
Noriker 90
Norwegen, Pferderassen aus 34–35

Oldenburger 76
Orlow Traber 100
Österreich, Pferderassen aus 90–92
Ostpreuße 73

Palomino 117

Paso Fino 121
Percheron 63
Peru, Pferderasse aus 121
Peruanisches Pasopferd 121
Pinto 119
Pinzgauer 90
Pliohippus 20
Polen, Pferderassen aus 94–95
Pony of the Americas 120
Portugal, Pferderassen aus 82–83
Puerto Rico, Pferderasse aus 121

Reitpony 56
Rheinisch-Deutsches Kaltblut 79
Russisches Kaltblut 102

Schleswiger 78
Schweden, Pferderassen aus 33
Schwedisches Warmblut 33
Schweiz, Pferderassen aus 80–81
Shetland-Pony 53
Shire-Pferd 41
Sorraia-Pony 85
Sowjetunion, Pferderassen aus 96–105

Spanien, Pferderassen aus 84–85
Standard Bred 114
Suffolk-Pferd 42
Suffolk Punch 42

Tennessee Walking Horse 113
Timor-Pony 107
Trakehner 73
Tschechoslowakei, Pferderasse aus 93

Ungarn, Pferderassen aus 87–89

Vereinigte Staaten, Pferderassen aus 112–120

Waldpferd 8
Waler 110
Welsh Cob (Sektion D) 56
Welsh Mountain Pony 54
Welsh Pony (Sektion B) 55
Welsh Pony (Sektion C) 55
Westlandpferd 35
Wielkopolski 94
Wjatka 104
Wladimir Pferd 103
Württemberger 77